¿QUÉ TAL?

Marie-France Brière

¿QUÉ TAL?

La vie d'artiste

KERO

KERO
une marque
CALMANN LÉVY

COUVERTURE
Maquette : 'Olo
Photographie : Morel

ISBN : 978-2-7021-8670-1

« Je t'ai rencontrée par hasard
Ici, ailleurs ou autre part,
Il se peut que tu t'en souviennes [...]
Il faut croire à l'histoire ancienne. »

Léo Ferré,
La vie d'artiste

1

ENFANCE : DOUX MÉLANGE

Mon grand-père était chercheur d'or dans le Mato Grosso, dans le Sud-Ouest du Brésil. Juif polonais, il avait tenté l'aventure dans l'hémisphère Sud. Ma mère est née en Argentine. Elle était très belle et devint danseuse étoile au théâtre Colón de Buenos Aires. Très loin de là, mon père est né quelque part en France, peut-être à Honfleur. Dans la famille, on disait parfois qu'il était le petit-neveu d'Alphonse Allais. Serait-ce le petit bout d'humour qu'il m'a transmis ? Ce qui est sûr, c'est qu'il était officier de marine. Les paquebots l'avaient définitivement écarté des contingences quotidiennes. L'Argentine étant la destination finale du Transatlantique, le capitaine tomba fou amoureux de la Divine, l'enleva et l'épousa en France, le jour de la déclaration de la Drôle de guerre. Pas si drôle que ça : il était officier et réquisitionné ; dès la messe célébrée, il partit pour un an.

Mon frère est né à Bordeaux. Pourquoi ? Je n'en sais rien. Mon père avait trouvé le moyen de caser l'étoile, la merveilleuse, dans le quartier des Bouchons, chez des négociants de grands crus. Qui étaient ces gens ? Elle n'en parla jamais. Combien de temps s'écoula ? Mystère.

Mon père avait finalement rejoint Londres, non sans convaincre la douce, la Divine, d'aller vivre chez la grand-tante Anna, illustre figure de la branche paternelle qui s'était distinguée dans les années trente comme la première femme « principale » d'un collège de jeunes filles, et en mettant de surcroît une femme dans son lit.

Ces deux-là s'aimaient et se vouvoyaient. Elles habitaient un manoir à cent kilomètres de Paris et avaient leur prie-Dieu brodé à l'église. Ma mère, la merveilleuse, en débarquant chez les garçonnes, découvrit brutalement le froid, la vie de château et le général de Gaulle. Aidée par les tantes, ma mère put, au prix de mille dangers, rejoindre mon père en zone libre. Elle en conserva un « merveilleux souvenir » : moi.

Je suis née entre deux bombardements à l'hôpital du village, dans l'affolement général. Une bonne sœur, par souci de transparence, déclara que je n'étais pas viable : trop chétive, trop prématurée… Elle persuada ma mère qu'il serait mieux de laisser le berceau dans le couloir et d'attendre l'issue fatale. Un prêtre vint m'ondoyer, sacrement intermédiaire qui me sauva peut-être la vie mais eut surtout le mérite de m'éviter la cérémonie du baptême.

Mes deux premières années furent sans histoire. Prostrée dans mon petit lit, je ne parlais pas et je ne marchais pas, ce qui offrit à ma mère une certaine liberté. Mon manque d'éveil la réveilla. Encouragée par les tantes, elle fit de la résistance. Mais attention, la vraie, celle à hauts risques.

Le manoir était réquisitionné par des officiers allemands mais elles avaient trouvé le moyen de cacher des aviateurs anglais et canadiens parachutés aux alentours, qu'elles transformaient, le temps d'alerter Londres, en jardiniers sourds et muets… qui apprirent l'anglais à mon frère aîné.

Moi, j'étais une résistante passive. On me baladait dans un landeau à double fond qui cachait un émetteur. Cela valut plus tard à ma mère la médaille de la Résistance française et à tout jamais le respect de la Royal Air Force.

Mes premières émotions, ce sont les embruns de l'océan. Je suis attachée à une laisse, tenue de main de maître par ma mère. Sur le pont du Transatlantique, nous voguons vers l'Argentine. Après la guerre, mon capitaine de père a dû convaincre la Divine d'aller retrouver ses parents au-delà de l'Équateur. Je n'ai pas encore la notion de la traversée… du passage de la ligne. Je n'ai aucun souvenir de l'accostage à Buenos Aires, mais je revois l'arrivée dans la maison coloniale aux lourdes portes donnant sur le patio. Pour la première fois, j'entends des sons différents : *Qué tal queridita ?* « Comment ça va petite chérie ? » *Que pequeña !* « Qu'elle est petite ! » *Que linda !* « Qu'elle est mignonne ! » *Que quieta !* « Qu'elle est sage ! »

Le latino m'envahit et la chaleur tropicale m'éveille. Je me sens bien, je regarde partout, je tombe en arrêt devant une photo encadrée du général de Gaulle. Éblouie par ce portrait familier dans une terre inconnue, reconnaissant finalement le seul homme dont l'image a accompagné ma petite enfance, je crache mes premiers mots : « Oh, le rat de Gaulle. » Ma mère, effondrée, décide que j'apprendrai à parler « en espagnol », et c'est avec délice que je me plonge dans les odeurs de *puchero*[1], les mystères des moustiquaires,

---

1. Sorte de pot-au-feu avec du maïs et des patates douces.

le glacé de l'amidon des tabliers blancs du jardin d'enfants peuplé de femmes à cornette.

Ma vie s'écoulait au rythme des saisons, ou plutôt à celui des escales de mon père. J'en profitais pour tomber malade, rougeole, scarlatine, oreillons. Il en profitait pour embarquer ma mère au gré de ses permissions vers l'Uruguay ou le Brésil. Et moi, gâtée par ma grand-mère (Mamita) et ma grand-tante (Tatiche), je me vautrais dans les siestes, les odeurs de beignets et les grandes virées au Parque Centenario.

Le bonheur prit fin brusquement lorsque mon père décida que mon frère et moi devions « faire nos humanités » en France. Le voyage de retour, on s'en souvient, on est plus grands. Dix-neuf jours de traversée, un poteau noir (le passage de l'Équateur) et quelques soirées autorisées, dont une soirée magie où je joue l'assistante de mon frère magicien mais où je fais foirer tous les tours par mon étourderie. Mon frère m'en voulut énormément et, dès l'arrivée en France, il fit de moi son souffre-douleur. Je devais régulièrement tester l'épaisseur de la glace du bassin de Houdan. Bien évidemment, nous logions chez les tantes, mon père, l'inconscient, ayant regagné la mer et son bateau.

Je passais des heures en haut des arbres de la propriété à méditer sur l'injustice qui m'était tombée dessus dès ma naissance, quand mes parents avaient décidé de me donner la vie sans me demander mon avis, preuve pour moi d'un égoïsme total de leur part. Et depuis que Madame Marthe, notre couturière, venait moins souvent, j'avais compris qu'un jour je ne grandirai plus et qu'un jour tout s'arrêterait. Je me posais sans cesse la même question : est-ce que donner la vie, c'est donner la mort ? Ma mère, la Divine, me dit un jour : « Mais ta vie sera peut-être longue, amuse-toi, prends du plaisir, tu as assez d'imagination pour bien passer le temps. » Oui, peut-être, mais pour l'instant le temps jouait contre moi. Bien sûr, je parlais le français, mais j'avais appris à lire et à écrire en espagnol et mes débuts scolaires en France furent chaotiques. Heureusement, après avoir eu droit au bonnet d'âne à mon arrivée à la dernière année du primaire, je sautai une classe par trimestre.

On ne pouvait cependant pas bousculer toute une façon d'être et de réagir en un an ! Par exemple, le sujet de ma première rédaction « française » à la communale : quelle est la pièce principale de la maison ? me parut simple, et pourtant... À l'école de Houdan, la majorité des élèves répondit la cuisine ou le salon. Moi, venant d'une maison coloniale de Buenos Aires où les chambres donnaient d'un côté sur le patio et de l'autre sur une salle de bains particulière, sans hésitation je répondis que, bien évidemment, la pièce principale d'une maison était la salle de bains. À la fin des années cinquante, la réponse parut révolutionnaire, voire subversive. L'instituteur outré m'infligea le coin, à l'hilarité générale de la classe.

Ce ne fut malheureusement pas la seule occasion où je me fis remarquer. Un matin, l'instituteur écrivit la question suivante au tableau : quelle est la capitale de la France ? Il se retourna vers nous pour scruter les mains levées. Mon enfance argentine avait été bercée par les contes de Hans que mon grand-oncle me lisait chaque soir. J'étais fascinée aussi par un livre d'images où les petites filles se baladaient avec des coiffes près d'une cathédrale à laquelle il manquait un clocher, dans une ville qui s'appelait Strasbourg. En tout cas, pour moi, ce livre et ces images, c'était la France, et c'est très fièrement que je levai la main. Je fus convoquée au tableau et, triomphante, je montai les deux marches de l'estrade. La craie crissa de plaisir lorsque j'écrivis ma réponse à la question : « Strasbourg ! »

La classe éclata de rire ; l'instituteur écrasa l'éponge sur le tableau et me l'envoya à la figure. Décidément, ici, c'était pas comme là-bas…

Dieu merci, l'obsession de ma mère était d'organiser sa vie des deux côtés de l'Atlantique. Mon frère, parfaitement intégré, avait franchi le secondaire au lycée Montaigne à Paris. À moi, on me demandait surtout de ne pas progresser. J'étais cantonnée à la campagne et ma principale ambition était de réussir le certificat d'études qui m'assurerait le vélo tant convoité. Les aspirations de ma mère semblaient en bonne voie : le garçon à Paris, bardé de diplômes ; la fille en Argentine, mariée à un riche *estanciero*[2].

Nous continuions, chaque été, à traverser l'océan. Mes copines partaient en vacances en Bretagne et moi je me lamentais car j'étais obligée de prendre le bateau. Nous embarquions fin juin au Havre. Le règlement de la compagnie avait deux avantages à mes yeux : premièrement, il interdisait à la famille d'un officier de voyager en même temps que lui (ce qui, en clair, m'évitait la présence de mon père). Deuxièmement, les familles des officiers supérieurs voyageaient, au gré des disponibilités, dans des cabines de luxe qui étaient de vrais palaces flottants.

---

2. Propriétaire terrien possédant au minimum 25 000 têtes de bétail.

Les vacances argentines me font grandir malgré moi : les premiers talons à treize ans ; à quatorze le *novio*, le « prétendant » au sens picaresque, c'est-à-dire rien, sinon l'espoir d'un « en avant ». Et moi, cet avenir tout écrit ne me plaît pas. Alors, hors vacances, je bosse.

J'ai le bac et j'entre en philo au lycée Fénelon. Ma prof de philo, c'est la cousine de Gabriel Marcel. Mais elle, elle croit plus à l'existentialisme qu'à la rencontre avec Dieu. Elle fait entrer Sartre dans mon univers, emmène la classe voir *Les Séquestrés d'Altona* avec Reggiani. Je découvre Gide et *Les Nourritures terrestres*, et *L'Étranger* de Camus. Et je n'entends pas m'arrêter là, je lorgne khâgne et hypokhâgne.

Ma mère, qui a compris que le scénario de la pampa sent le roussi, tente un ultime voyage. Pour lui faire plaisir, j'accepte. Elle temporise : « Ma chérie, après tous ces examens, tu as besoin de vacances. » OK, mais ce qu'elle ne sait pas, c'est qu'avec l'argent gagné comme guichetière à la Poste pendant les vacances, je me suis inscrite au cours préparatoire à la propédeutique par correspondance. Et en Argentine, entre deux *asados*, *las fiestas y la playa*, j'étudie. Début avril, à l'automne austral, je la supplie de me laisser accomplir la dernière traversée vers l'Europe pour mon ultime examen.

Le voyage fut animé : la troupe du Théâtre national populaire, après une tournée triomphale en Argentine, s'offrait le luxe du Transatlantique pour regagner la France. Jean-Pierre Darras, Christiane Minazzoli, Roger Coggio, Maurice Jarre et Laurence Badie me firent croire qu'Agnès de *L'École des femmes*, c'était moi. Ils ne savaient pas alors qu'ils étaient les témoins du début de ma drôle de vie.

2

LE DISQUE QUI VA CHANGER MA VIE

Escale à Rio. Chaleur torride. Dernier stop avant l'Europe.

C'est l'heure du déjeuner. Ma mère et moi avons déserté la plage bruyante d'Ipanema et déambulons dans la rua Ouvidor à la recherche d'une *féjoada*[1] dans un resto réfrigéré. Le bruit assourdissant des sambas de carnaval s'entrechoque de boutique en boutique.

Mais surgissant du tintamarre :

> *« Brigitte Bardot, Bardot, Brigitte Beijo, Beijo, Vedetta do cinema… »*

À dix mille kilomètres de la France, ça fait bizarre.

Ma mère, toujours avec son timing parfait, me demande :

— C'est rigolo, tu veux ce disque ?

— Oh oui.

— OK, on l'achète !

Ce cadeau brésilien allait devenir mon trésor de guerre.

---

1. Plat national brésilien à base de haricots noirs.

De retour en France, rien n'est plus pareil. Rue Gay-Lussac, chez mes parents, j'ai deux mois pour réviser l'année de propé.

L'appartement est sombre et triste, sauf quand j'allume la radio. Finie « La famille Duraton », bonjour « Signé Furax ». Et surtout Europe 1, que je découvre. Un mec avec une voix nonchalante y présente chaque semaine « Le discobole », une émission passant des disques que l'on n'entend pas ailleurs. Des trucs étranges comme *Le Clair de lune à Maubeuge* ou *Tutti Frutti*, un incroyable charabia chanté par un Jean-Philippe qui se fait appeler Johnny. Je trouve ça bien mais le présentateur, lui, n'aime pas. À tel point qu'un jour, à l'antenne, il casse le vinyle d'un coup sec pour ne plus jamais avoir à le programmer. Il est rigolo, ce type-là, il s'appelle Lucien[2] et je me demande quelle serait sa réaction en entendant la samba qui vient de Rio et qui parle de Brigitte Bardot.

C'est encore maman qui tranche :

— L'émission, tu la trouves rigolote, ton disque, tu l'écoutes cinquante fois par jour, envoie-le à la radio, tu verras bien !

Le courage, c'est moi qui l'ai. Je cherche le numéro de téléphone.

— Allô, le standard ? Je voudrais parler au monsieur qui présente « Le discobole ».

— C'est de la part de qui ?

— J'ai un disque qu'il n'a pas.

— Vous en êtes sûre ?

— Presque.

---

2. Il s'agissait de Lucien Morisse, le patron de la station, mais ça, je ne le savais pas.

— Envoyez-le ; on verra.
— Je préfère venir avec.
— Ce n'est pas la peine. Vous l'adressez à Lucien Morisse, 26 bis, rue François-Ier, Paris VIIIe.

Je raccroche. C'est décidé, le facteur, ce sera moi.

J'attrape l'autobus 21 jusqu'au Châtelet, puis le métro jusqu'à Franklin-Roosevelt, et c'est en courant que j'arrive dans le hall d'Europe 1.

J'ai dix-sept ans, une jupe écossaise, des couettes, des chaussettes roses et des mocassins à pompons.

— C'est pour quoi ?
— J'ai un disque pour Lucien Morisse.
— Très bien. On lui donnera.
— Non, non, je préfère l'attendre.

Je m'installe sur une chaise à la réception et j'entame le deuxième tome du *Quichotte* en espagnol.

Une heure après, une jeune femme brune, douce et jolie, me tape sur l'épaule. Je sursaute.

— Oh, je suis désolée. Je m'appelle Mireille. Je suis la secrétaire de Lucien. Il n'est pas là, mais je vais prendre votre numéro de téléphone et si vous me laissez le disque, il vous appellera après l'avoir écouté.
— Mais il ne va pas venir…
— Si, plus tard.
— J'attends encore un petit peu.

Cette fois-ci, je ne veux plus me laisser surprendre. Je laisse tomber Cervantès et je m'accroche aux allées et venues de la porte tambour de l'entrée. Et j'ai raison. Arrivent enfin deux hommes. L'un est rouquin et l'autre brun. Ils ont au moins trente ans. L'hôtesse à la réception n'a pas le temps d'intervenir, je bondis de ma chaise et je me plante devant eux :

— Le disque… *Brigitte Bardot, Bardot*… c'est moi !

Le brun est médusé, le rouquin semble amusé.

— Eh bien, suivez-nous, dit-il, on va l'écouter.

Je monte l'escalier derrière eux. Mes jambes tremblent un peu et le rouquin lâche de sa voix traînante :

— Je m'appelle Lucien, et vous, vous sortez de l'école ?

— Non, l'école, je n'y vais plus. Pendant un an j'ai suivi des cours par correspondance parce que j'habitais l'Argentine, et je viens juste d'arriver à Paris pour passer ma propédeutique.

Il me regarde, perplexe. Visiblement, il ne comprend rien à mon discours. Alors j'abrège :

— En fait, je m'appelle Marie-France.

Nous traversons en trombe le bureau de la secrétaire. Elle me sourit !

— Vous êtes contente ?

— Mireille, venez avec nous, on va faire chauffer le pick-up.

Le bureau de Lucien Morisse est une ville dont les buildings sont des piles de disques allant du sol au plafond. Il pose celui que je lui apporte sur la platine et la sono hurle :

« Brigitte Bardot, Bardot… Brigitte Beijo, Beijo, Vedetta do cinema… »

— C'est pas mal, lâche le brun.

— Où avez-vous trouvé ça ? demande le roux.

— Rua Ouvidor, à Rio, et ça m'a plu.

À ses yeux et à son sourire en coin, je vois bien que lui aussi trouve ça épatant.

Il enchaîne :

— J'ai un cousin au Brésil, il s'appelle Enrique Lebendiguer, je vais lui téléphoner. Il est éditeur de musique, il me dira tout de suite si le titre est libre ou pas.

Je ne comprends rien à tout ce charabia. Alors, pour me donner une contenance, je regarde les gratte-ciel de disques devant moi. Le rouquin a remarqué mon manège.

— Pendant qu'on fait une copie de la chanson, choisissez ce que vous voulez...

J'ai l'impression qu'il vient de me donner la clé du coffre-fort.

L'émotion est grande et la voix qui sort de ma gorge est pratiquement inaudible :

— *GI Blues*, de Presley, et *Les femmes c'est du chinois*, de Gainsbourg.

— C'est tout ?

Ce « c'est tout » me fait apprécier la valeur de ma samba de carnaval.

« Brigitte Bardot, Bardot, Brigitte Beijo, Beijo... »

La musique cogne dans ma tête et les pensées qui m'envahissent vont changer ma vie.

— Non, je voudrais vous demander encore autre chose.

— Quoi ?

— Je voudrais travailler ici.

Le brun semble ahuri et jette un regard désespéré sur mes chaussettes roses, mon kilt écossais et mes couettes.

— Mais enfin, quel âge avez-vous ?

— J'ai dix-sept ans mais je vous en prie, laissez-moi essayer !

Il se tourne vers le rouquin.

— Lucien, elle est mineure, on ne peut pas la faire travailler comme ça !

— Vous voyez, celui qui s'inquiète pour vous, enchaîne le roux, il s'appelle Daniel Filipacchi, et si vous voulez le rassurer, amenez-nous demain une autorisation signée de vos parents pour un stage de un mois. Et si vous apprenez aussi vite que vous semblez le penser, vous pourrez peut-être travailler avec Daniel sur une nouvelle émission qu'il prépare et qui va s'appeler « Salut les copains » !

La réaction de mes parents fut à la hauteur de leur stupéfaction. Je dus promettre de passer tous mes certificats de licence et, bien évidemment, je devais renoncer aux paquebots. Ma mère, croyant m'ébranler, me fit remarquer que ce contretemps me priverait des deux mois d'été en Argentine. Ma seule crainte fut qu'elle y renonce aussi, mais elle était *Porteña*[3], et l'appel du large l'embarqua jusqu'à Buenos Aires.

Ce furent les plus belles vacances de ma vie. Dès que Daniel et ses assistants avaient choisi les disques de l'émission du jour, je devais les trouver, les mettre dans l'ordre du programme et bien vérifier qu'aucune pochette ne soit vide. J'en profitais surtout pour les écouter tous. Et à 17 heures, quand « Salut les copains » démarrait, en studio avec Daniel et son équipe, j'avais l'impression de faire partie de l'élite du monde ! Rocky Volcano, Les Pirates, Les Chats

3. Habitante de Buenos Aires.

sauvages, Gillian Hills et Les Chaussettes noires étaient devenus mes copains.

Nous grandissions ensemble. Moi, je savais déjà faire les montages de leurs interviews et trouver les bonnes musiques pour les pubs. Et eux étaient en train de détrôner André Clavaux, Tino Rossi et Luis Mariano.

Dès le générique de fin, je rangeais tous les disques de l'émission et je rentrais chez moi avec un sentiment de liberté extrême. Cet été-là, j'ai pu assister à deux ou trois concerts au Golf-Drouot et un à La Mutualité, où Richard Anthony reçut des bouteilles d'Orangina dans la figure.

Le retour de mes parents sonna le glas des festivités. Mon père, ayant repris le large, s'estimait trahi par sa fille qui avait décidé de bousiller sa vie. En réalité, ce qui me bousillait la vie, c'était d'être obligée de rentrer au bercail avant la nuit, de louper le mégaconcert de la Nation et, par la même occasion, d'échapper aux deux viols qui eurent lieu cette nuit-là (merci mon cher papa) et qui firent la une de tous les journaux, occultant par là même la naissance des Yéyés !

Mon stage fut prolongé de un mois, la vie était belle. J'entamai à la Sorbonne une licence d'espagnol. Les cours avaient lieu le soir de 20 heures à 22 heures, à l'institut hispanique en face de chez moi. C'était sympa de commencer sa journée avec Johnny et de la finir avec García Lorca. Dans ma classe, il y avait un garçon étrange, fils d'émigrés catalans ou plutôt de réfugiés politiques ayant fui la guerre d'Espagne, ce qui, avec sa culture cheguevariste, me le rendait éminemment sympathique. Il s'appelait Étienne Roda-Gil.

Le stage fini, je fus convoquée par Lucien Morisse qui me fit part de sa décision de me nommer « réalisatrice des écrans publicitaires ». J'avais, disait-il, le sens du montage, des gimmicks et des musiques à fabriquer des jingles ! J'aurais dû sauter de joie mais j'étais effondrée.

— C'est quand même mieux que de ranger les disques de « Salut les copains », dit-il.

Moi, je ne trouvais pas. Avec une énorme mauvaise foi, je pestai contre mes parents qui, avec leurs horaires stricts, m'avaient éloignée de toute promotion à « Salut ». J'enrageais. J'étais toute juste bonne pour travailler de jour, oubliant allègrement le serment que je leur avais fait de continuer mes études.

L'atelier de pub fut créé à Europe 1 sous ma responsabilité. On travaillait toute la journée dans une ambiance délirante. Un des rédacteurs publicitaires s'appelait Jacques Martin. Il était drôle et désespéré, se lamentant tout autant que moi que son talent ne soit reconnu que pour vanter les mérites des spaghettis.

J'avais des copains à la rédaction, plus âgés que moi. Ils m'avaient adoptée et m'emmenaient déjeuner tous les jours dans les restaurants du quartier. Avec eux, j'avais l'impression de faire partie du sérail de « la BRANCHITUDE LA PLUS ABSOLUE ».

Francis Veber, le play-boy des reporters, se plaignait, lorsqu'il partait en reportage avec son Nagra de quinze kilos à l'épaule, d'être obligé d'emprunter l'escalier de service des immeubles bourgeois parce qu'on le prenait pour un plombier. Richard Caron, le ténébreux, me regardait très tendrement et plus, me promettait, si je devenais sa muse, d'être le plus grand auteur du siècle ! Et Pierre Andro, le plus journaliste des trois, me proposa un jour de le suivre à Radio Luxembourg, qui ne s'appelait pas encore RTL, pour y créer un magazine féminin.

Sans réfléchir, je dis oui.

Lucien Morisse encaissa, en grand patron qui ne s'en laisse jamais conter : « On ne peut pas empêcher quelqu'un de partir... » Je pensai brutalement à Dalida, sa femme, partie du domicile conjugal depuis quelques semaines. Il n'en avait jamais rien dit. « Apprenez beaucoup de choses, poursuivit-il, et peut-être qu'un jour je viendrai vous chercher ! »

Le calvaire dura plus d'un an. J'avais atterri rue Bayard, dans l'endroit le moins glamour possible. L'émission s'appelait « Le passe-temps des dames et des demoiselles ». Tu parles d'un magazine féminin ! Misère. Pierre Andro s'évertua à en faire un magazine innovant, mais ce furent les adieux aux Chaussettes noires, à Sam and Dave et à Elvis Presley !

Un jour, un grand type hirsute avec une longue écharpe bleue m'apporta le disque d'une fille à couettes et jupe écossaise qui vendait des bonbons sur les marchés avec ses parents mais qui, selon lui, allait révolutionner la planète. Elle s'appelait Annie et chantait *Jolie Petite Sheila*. Appliquant la formule magique apprise à Europe 1, je matraquais le disque jusqu'à trois fois par émission. Pour enfoncer le clou et donner du fond à l'aventure, je me mis en tête de réaliser un feuilleton radiophonique dans la plus pure tradition luxembourgeoise : l'histoire de deux jeunes gens qui vivent un amour impossible. Les héros s'appelaient Yves Reignier et Sheila.

À part ça, je m'ennuie ferme. Et j'ai l'impression d'avoir loupé le train. J'ai tout perdu : les voyages transatlantiques, les chanteurs qui sont devenus mes copains et qui grandissent sans moi sur le trottoir d'en face. Comment faire pour rattraper tout ça, sinon par un coup d'éclat ?

J'appelle Johnny Stark, l'agent de Sylvie Vartan et de Johnny Hallyday, et avec ma voix d'enfant qui joue contre mon plan, je lui propose une tournée en Amérique du Sud pour Sylvie.

« Faites-moi une proposition précise et chiffrée et nous l'étudierons. »

Il me cueille au dépourvu. J'avais pensé qu'il me dirait non, ou oui dans un rêve, mais pas cette histoire de proposition qui me casse la tête. Comment faire ?

J'appelle un de mes copains à Buenos Aires, Beco Rota, directeur artistique chez Decca, et, oubliant que j'ai partagé avec lui les bancs de l'école, après son *¿Qué tal Marie-France?*, je lui annonce avec une certaine euphorie que je viens de signer avec Sylvie Vartan une tournée exclusive en Amérique du Sud et que, par amitié, je le branche. Il contacte la chaîne de télévision argentine la plus importante, Canal 13, qui accepte de piloter le projet. Ils organiseront un show de six heures autour de Sylvie, revendable dans tous les pays d'Amérique latine. Les conditions financières sont directement fixées entre la chaîne et Johnny Stark. Moi, je ne demande rien, si ce n'est le billet d'avion. Pas besoin d'hôtel, je retrouverai ma maison de la rue Acoyte qui me manque tant.

Ce fut une tournée complètement folle. D'abord parce que deux jours avant le départ, Johnny Stark eut la malencontreuse idée d'avoir une crise cardiaque. Et c'est du fond de son lit que le géant m'annonça qu'il ne partirait pas et que j'étais responsable de la tournée.

Mon copain de chez Decca, qui jouait son va-tout comme moi, avait bien travaillé. Il avait fait en sorte que

Sylvie soit connue en Argentine et ses chansons aussi. Le public était là, jusqu'à trois shows par soir. Pour le spectacle, je traduisis plusieurs couplets en espagnol. Tabac assuré. Elle fut surnommée le *Flequillo*[4] *de Paris*. L'ambiance était géniale et le producteur délégué-présentateur fut si content qu'il m'offrit… un paquet de bonbons !

Le retour à Radio Luxembourg fut rude. Pierre Andro s'était entiché de Maurice Dulac et Marianne Mille qui se produisaient dans un cabaret de la rive gauche. Il avait appliqué mes méthodes à mauvais escient, leur chanson passait deux fois par émission.

Moi, nostalgique de l'Argentine, j'en remettais une couche en matraquant *La Misa Criolla*, cruellement adaptée par Gilles Dreu, pendant qu'à Europe 1, les Stax, Sonny and Cher et Johnny me rappelaient que j'avais loupé le coche.

De nouveau, je m'ennuie ferme.

Un jour, la rumeur court dans les couloirs de la radio que Jacques Brel est l'invité du journal du soir. Il arrive directement de Bruxelles, vers 17 heures. Il est défait et demande s'il peut se reposer seul, en attendant le direct. Je n'ai jamais vu une telle star de près. Tous ceux que je connais ont grandi avec moi, mais les Aznavour, Bécaud, Brel et Brassens, je ne les connais pas.

J'ouvre tout doucement la lourde porte du studio. Jacques Brel est là, au fond, allongé sur trois chaises, et semble dormir profondément. Je m'assois à cinq mètres de lui et je le contemple pendant trois bonnes

4. « La frange ».

minutes, m'imaginant partager l'éternité d'un monstre sacré.

J'y pense encore le lendemain matin dans le bureau de production quand le téléphone sonne :

— Allô, c'est Lucien…

J'ai reconnu la voix de Lucien Morisse, si lente et nonchalante. Mon cœur bat la chamade.

— Je suis en bas, à la réception, descendez vite, j'ai quelque chose à vous demander.

Clic.

Il a raccroché sans ajouter un mot. Je prends toutes mes affaires et je dévale les marches jusqu'au hall d'entrée. Il est là, en terre ennemie, et je ne l'ai pas vu depuis un an et demi.

— Suivez-moi, je vais vous expliquer.

C'est au pas de charge qu'on se débarrasse de la rue Bayard et qu'on traverse l'avenue Montaigne pour remonter la rue François-Ier.

— Voilà, dit-il. Êtes-vous capable de dompter un animateur que vous ne connaissez pas, qui, je crois, peut être très bien ? Je vous préviens, il a déjà épuisé treize réalisateurs en quinze jours !

— Pour faire quoi ?

— Il a une bonne idée. Tous les soirs, de 20 heures à 22 heures, ça s'appellerait « Dans le vent ». Sur le papier, c'est bien. Mais il lui faut quelqu'un de solide qui ne se laisse pas impressionner par sa folie ! Il est d'accord pour former une team si je lui trouve cet oiseau rare. Alors j'ai pensé à vous. Mais je ne lui ai pas dit que vous étiez une fille !

— Il s'appelle comment ?

— Hubert.

— Connais pas.

— Normal, c'est à vous de le faire connaître.

Au pas de course, nous arrivons à Europe 1. Avant la porte d'entrée, je m'entends lui dire :

— Je suis OK, je crois que ça va marcher…

Tout est allé très vite. Je n'ai jamais remis les pieds à RTL. Je n'ai dit au revoir à personne et j'ai même oublié d'envoyer ma lettre de démission. Ils cessèrent de me payer du jour au lendemain. Moi, je m'en fichais, j'avais retrouvé ma maison.

3

LES GRANDES ANNÉES D'EUROPE

La rencontre avec Hubert Wayaffe fut épique. Il était déjà dans le bureau de Lucien Morisse lorsque j'arrivai dans celui de Mireille, sa secrétaire.

La porte était entrouverte et je l'entendis :

— Alors, tu me le présentes quand, ce King Kong censé me faire si peur ?

Mireille sourit :

— Vas-y, ma belle.

J'avais grandi, j'étais devenue assez mignonne, aux dires d'un de mes copains, Claude, batteur d'Olivier Despax, qui avait même ajouté : « Tu dois te souvenir toute ta vie qu'avant d'enregistrer un premier disque et de devenir célèbre, j'aurai été le premier à te dire que ta principale qualité c'est d'être une emmerdeuse, bien avant d'être mignonne. » C'est en pensant à cette recommandation du futur Claude François que j'entrai presque en courant dans le bureau de Lucien Morisse. Si Hubert fut surpris, il ne le montra pas.

— Ah, je vois, dit-il. On commence quand ?

— Tout de suite.

— OK, on y va.

Voilà. Rencontre limpide et préparation magistrale de ce qui allait devenir l'émission culte des jeunes qui planquaient le transistor sous les couvertures pour écouter « Dans le vent ». Le succès fut fulgurant. Rien ne nous faisait peur. Nous faisions de la télé sans images en emmenant Enrico Macias vendre des cravates criardes à la sauvette dans le métro, nous mettions Eddy Mitchell au défi d'aller livrer des pizzas en triporteur sur les Champs-Élysées, en direct…

Un été, j'eus même l'idée saugrenue de commander deux tonnes de sable qu'un camion déversa rue François-Ier. Hubert savait où se trouvaient les vannes des caniveaux et c'est sur cette plage improvisée que se déroula l'émission, jusqu'à ce que les flics du VIIIe arrondissement nous embarquent au dépôt sur les dernières notes du générique de fin.

Les auditeurs étaient chaque soir plus nombreux. Les artistes défilaient, choisissant l'émission pour lancer leur nouveau 45 tours.

Claude François cartonnait avec *Belles, belles, belles* et préparait son premier 33 tours. Johnny, Sylvie, Eddy, Françoise, France et ses chansons jazzy… On était tous sincèrement copains. Eux, ils enregistraient des disques, et nous, on les passait à la radio. Nous ne faisions pas trop la différence entre le boulot et l'amusement. Moi, j'adorais Serge Gainsbourg. Il habitait la Cité des arts, sur les quais, près du pont de Sully. Dans son unique pièce, il y avait un immense piano à queue et un tout petit lit de camp. Il venait d'écrire *Annie aime les sucettes* pour France Gall mais ni elle ni moi n'avions saisi le second degré de la chanson… Il me fit écouter les prémices de ce qui devait devenir plus tard *L'Homme à la tête de chou*.

« Moi aussi j'ai vu New York, New York, USA. »

À l'époque, il était amoureux d'un mannequin qui s'appelait Marie-Lou, et je l'avais mis hors de lui lorsque je lui avais raconté que j'avais échangé *Brigitte Bardot, Bardot* contre *Les femmes, c'est du chinois*... Le comprenez-vous, moi pas.

— C'est incroyable, vous vous rendez compte. Ils en ont vendu plus d'un million d'exemplaires.

Les « ils », c'étaient Lucien Morisse et Eddie Barclay. En riant, je répondis :

— Mais Serge, grâce à ça, j'ai pu entrer à Europe 1 et j'ai aussi pu écouter *La Chanson de Prévert* tous les soirs chez moi.

— Mais qu'est-ce que vous racontez ? Vous avez trois fois plus de pif qu'eux...

Ce qui le mit hors de lui, ce fut quand, ayant trouvé une maquette d'une chanson dans la poubelle d'un programmateur, Hubert et moi décidâmes de la tester directement à l'antenne. C'était *Juanita Banana*. Et Salvador qui écoutait l'émission ce soir-là ne s'y trompa pas, lui, en bon homme d'affaires. Il en fit une adaptation française qui sortit huit jours plus tard, avec succès bien sûr.

Pour Gainsbourg, j'étais une catastrophe ambulante. Mais moi, je l'adorais. Il venait d'écrire pour Petula Clark *La Gadoue* que tout le monde aimait beaucoup, et je crois qu'il était content de l'entendre souvent à la radio.

Tous les vendredis soir, nous étions en direct du Marquee à Londres avec Georgie Fame et Julie Driscoll. Hubert était devenu très copain avec George Harrison qui nous présenta les trois autres. Le père de John Lennon était supporter de l'équipe de Liverpool et nous avions tous l'écharpe rouge du club pour aller aux matchs, tassés dans deux Rolls. La belle vie, quoi !

J'étais devenue assez copine avec Paul McCartney et, un jour, il demanda à John Lennon de m'offrir le recueil de poèmes qu'il venait de publier. Lennon était sombre et mystérieux. Mes seuls liens avec lui furent ses poèmes, que je dévorais sans jamais dire que je ne les comprenais pas tous.

Hubert eut l'idée d'emmener les Beatles en concert à Lyon. Nous étions en direct sur scène. Ce fut un délire total. Bruno Coquatrix flaira le bon coup et leur demanda d'assurer la deuxième partie de Trini Lopez et Sylvie Vartan, à l'Olympia. Sylvie se fit prêter chez Réal une robe en mousseline bleue et, par la même occasion, en prit une verte à pois blancs pour moi. Son imprésario, Johnny Stark, superstitieux à mort, m'interdit d'être en coulisses vêtue de vert. Mais comment faire ? Mon casque était relié par un fil au micro d'Hubert et nous étions à l'antenne. En direct, à moitié sur scène, pour mieux faire vivre l'ambiance aux chers auditeurs.

Nous ne rendîmes jamais les robes.

Un après-midi au bureau, à court d'idées, Hubert et moi imaginâmes explorer les passions des stars. C'était un bon moyen d'élargir la programmation au-delà des Yéyés.

— Bécaud adore les trains électriques, affirma Hubert.

OK, on l'appelle.

L'idée amusa Gilbert et rendez-vous fut pris pour le lendemain. Moi, j'étais contente, j'allais enfin rencontrer l'auteur de *Marie, Marie, écris-moi plus souvent* ; je l'avais écoutée tant de fois que j'avais fini par me persuader qu'il l'avait écrite pour moi. Je suis arrivée au Chesnais, où il habitait, en fin d'après-midi avec l'équipe technique. Nous avons joué au train électrique toute la nuit.

J'ai remarqué qu'« il » m'observait, cachant ses regards derrière les wagons qui s'entrecroisaient entre nous. Il s'appelait Bertrand de Labbey, il sortait de Sup de Co et venait de créer avec Gilbert Bécaud les éditions du Rideau rouge, société qui accueillait les chansons de Gilbert et d'autres si affinités. J'ai su tout de suite que Bertrand serait l'homme que j'allais épouser. Je croyais détester le mariage depuis la philo où, juchée sur un banc de classe, je faisais des discours, moins pour défendre l'existentialisme que pour me prouver que, bardée de diplômes, je ne finirais pas dans une comédie américaine. Un soir, au restaurant La Bûcherie, près de la Sorbonne, alors qu'il venait de m'embrasser, je lui ai demandé de faire le ménage. « Ça prendra bien un jour ou deux », me répondit-il. Il était plus ou moins avec trois filles à la fois.

Le mariage eut lieu en l'église Saint-Séverin le 26 juillet 1966. Mon père me conduisit à l'autel au pas de charge. Il avait placé nos invités à bâbord et à tribord de la nef. Mes témoins : Hubert, bien sûr, et Sylvie, évidemment. Pendant toute la cérémonie, elle pleura dans mon dos, affirmant qu'il n'y avait pas de mariage heureux. Johnny et elle s'étaient mariés six mois avant. J'étais moi-même une rescapée de la cohue monstre de leurs noces.

Les témoins de Bertrand étaient Gilbert Bécaud et Louis Amade, préfet et poète qui jusque-là m'avait considérée comme l'oiseau tombé du nid et qui, en ce jour, martelait cette recommandation : « Montre-toi digne du noble nom de ton époux. »

La cérémonie à l'église fut écourtée par le non-échange des anneaux. Nous ne voulions d'alliance ni l'un ni l'autre, l'amour suffisait.

Le voyage de noces ultrarapide eut lieu au Normandy, à Deauville. Gilbert et ses fils nous accompagnèrent et nous montâmes à cheval sur la plage une grande partie de la nuit. Le lendemain matin, lorsque avec le petit déjeuner je commandai de la pommade anticourbatures, je sentis le regard admiratif du valet de chambre sur Bertrand...

J'étais heureuse, j'étais amoureuse, et je repris le travail avec euphorie. Les émissions étaient toutes plus folles les unes que les autres.

Lucien Morisse m'appela un après-midi dans son bureau. J'arrivai en courant. Il n'était pas seul. Jacques Brel était avec lui.

— Jacques, je te présente King Kong...

Le surnom donné par Hubert ne m'avait jamais quittée, j'étais devenue à ses yeux le monstre qu'il fallait craindre et l'ange gardien qui savait protéger.

— Marie-France, poursuivit le boss, on va organiser une journée Brel sur Europe avec le point d'orgue dans votre émission. Alors, on attend les idées.

J'étais heureuse, intarissable, cogitation jusqu'à la fin du jour.

Tous deux semblaient contents.

— OK, c'est bon. Vous pouvez partir, maintenant. Tu sais, Jacques, c'est une jeune mariée...

Avec un grand sourire, je les saluai et je me dirigeai vers la porte du bureau. Je tournai la poignée lorsque j'entendis la voix de Brel dans mon dos :

— Vous savez, il y a deux ans, dans le studio de RTL, je ne dormais pas…

C'est l'estomac dans les chaussettes que je quittai la pièce.

4

MAI 68

Libérée par mon mariage, ma mère voguait pour l'Argentine et, sans le savoir, elle allait abandonner l'appartement de la rue Gay-Lussac à Mai 68. Dès le début des événements, les voitures émettrices d'Europe 1 furent incendiées place de la Sorbonne. Un ingénieur du son génial eut l'idée de fabriquer des capsules qui, vissées aux combinés des téléphones, étaient capables d'émettre en direct. Mais pour ça, il fallait trouver un endroit d'où l'on pouvait voir tout ce qui se passait et où l'on pouvait téléphoner en toute confidentialité.

L'appartement de mes parents au 22, rue Gay-Lussac s'imposa ; je devins l'héroïne de la rédaction et l'énigme des pouvoirs publics qui se demandaient comment Europe 1 pouvait encore émettre sans voiture émettrice. Lorsque la rue Gay-Lussac fut en feu et qu'elle fit la une des journaux du monde entier, ma mère me téléphona de Buenos Aires pour savoir si tout était en ordre dans l'appartement et si j'allais de temps en temps ouvrir les fenêtres, sans savoir que son salon était devenu le QG des grands reporters, des grands manifestants et des grands lacrymogés.

La rédaction avait pris le pas sur les programmes, ce qui nous laissait des vacances subversives. La permanence, c'était Le Bilboquet, rue Saint-Benoît, où nous jouions au gin au nom de la révolution. Entre deux jets de pavés, j'emmenais Bertrand à la Sorbonne, où se tenaient discours et auditions. Mon cousin Dominique, élève à Lakanal, m'y avait donné rendez-vous pour écouter un de ses camarades de classe qui voulait chanter. Il s'appelait Paul-Alain Leclerc. Nous l'écoutâmes pour la première fois en audition dans cet endroit surréaliste et nous l'entendîmes chanter *La Cavalerie* dans un amphi, en marge d'une assemblée générale de Cohn-Bendit. Le premier disque de Julien Clerc sortit peu après. Il avait évidemment signé un contrat d'édition avec le Rideau rouge. Parmi ses premières chansons, il y avait *Ivanovitch*, écrite avec l'un de ses copains de classe, Maurice Vallet. Je venais de lancer une nouvelle émission avec un journaliste qui crédibilisait et éditorialisait les chanteurs et leurs chansons. Il s'appelait Jacques Ourévitch… En guise de générique, je fis enregistrer à Julien le pastiche de sa chanson : le « Ivanovitch est là » fut remplacé par « Jacques Ourévitch est là » et devint le gimmick de la station.

Bertrand et moi habitions près du Champ-de-Mars un appartement qui était devenu le repaire des musiciens. Julien Clerc et Gérard Mancet, mais aussi Michel Berger et Véronique Sanson. Un soir, Bertrand me dit qu'il devait partir pour Montréal rejoindre Gilbert Bécaud en tournée au Canada. Je lui fis les poches et j'échangeai son billet bon chic Air France contre deux billets charter Islandic Air Line.

Mi-surpris, mi-amusé, Bertrand se laissa facilement convaincre de l'énorme avantage de m'avoir à ses côtés pendant le voyage. Après tout, les inconvénients étaient mineurs. Bien sûr, il fallait aller jusqu'à Bruxelles pour prendre l'avion et l'escale à New York était obligatoire pour rejoindre Montréal. Tant mieux, nous en profiterions pour y rester trois jours. Daniel Filipacchi m'avait donné l'adresse d'un de ses copains américains. « Promets-moi de lui téléphoner, il s'appelle Nesuhi, tu vas l'adorer. »

L'avion décolla de Bruxelles en début d'après-midi avec deux heures de retard et tomba en panne au-dessus de l'Islande. Nous fîmes escale en catastrophe à Reykjavik, aux alentours de minuit, en plein été, en plein jour, et c'est harassés que nous atterrîmes à New York quinze heures plus tard.

L'arrivée à l'hôtel se fit dans un silence de mort. Bertrand était livide et plutôt en colère : il voulait dormir. Moi, j'étais incapable de fermer l'œil, la chambre était au trentième étage et, de ma fenêtre, je voyais les gratte-ciel de Manhattan.

Je devais redorer mon blason. J'appelai Nesuhi, le copain de Daniel. En fait, je tombai sur Nesuhi Ertegün, le mythique patron d'Atlantic Records. Sa voix était chaleureuse, il semblait ravi de me connaître.

— Reposez-vous un peu, une limousine viendra vous chercher à 17 heures.

Pendant trois jours, avec lui, nous avons découvert les meilleurs restaurants, les boîtes à la mode, et tous les spectacles de Broadway. L'apothéose, ce fut d'assister, dans les studios d'Atlantic, à un enregistrement d'Aretha Franklin ! Nesuhi Ertegün dut partir pour Los Angeles mais il nous conseilla de passer notre dernière soirée new-yorkaise dans un endroit branché, off-Broadway.

— C'est l'*opening* d'une comédie musicale assez déjantée, mais le bouche-à-oreille est bon.

Le théâtre était au fond d'une cour donnant sur une rue mal éclairée, le décor commençait à l'entrée, de la fumée jaillissait des bouches d'égout et donnait le ton. La salle était laquée de noir, des bancs de bois au sol. La scène était séparée du public par un grillage. Le spectacle commença : c'était magique. C'était *Hair* !

À la fin, je suis restée prostrée au moins cinq minutes, hébétée, sur mon banc. Tout le monde était parti. Sur scène, quelques membres de la troupe discutaient avec un homme en blazer bleu marine, anachronique au milieu des hippies. J'allai le voir, intriguée.

— Je suis française. C'est merveilleux. Vous devriez monter le spectacle en France. Voici ma carte de visite (flanquée du sigle Europe 1), si un jour vous venez…

Pauvre folle. Il mit la carte dans sa poche.

— Au revoir monsieur, à bientôt.

Nous rejoignîmes Gilbert Bécaud à Montréal. Je n'étais plus la même : j'avais vu New York, *New York, USA* ! J'envoyai une carte postale à Gainsbourg : « Je n'ai jamais rien vu d'aussi haut *(sic)*. » Le premier soir, Gilbert chanta à la Place des Arts devant quatre mille personnes qui se levèrent à la fin pour cinq bonnes minutes de *standing ovation*.

Le lendemain matin, j'allumai la radio et j'entendis une chanson étrange, un duo extraordinaire : un gars, une fille.

« J'suis parti sur Québec Air
Transworld, eastern, western,
Puis Pan American
J'sais plus où j'suis rendu. »

Je guette la désannonce : extrait de *L'Hostie Show*, Robert Charlebois et Louise Forestier. Bertrand doit rejoindre Gilbert dans un studio de télé. Moi, je reste à l'hôtel, j'ai un truc très important à faire : retrouver la trace des deux chanteurs. Annuaire téléphonique et numéro de téléphone de CKLM, la radio qui vient de passer le disque.

Toujours la même rengaine :

— Allô, je travaille à la radio en France et je voudrais savoir qui est l'agent de *L'Hostie Show*.

— C'est Guy Latraverse, mademoiselle. Vous pouvez le rejoindre sur Sainte-Catherine à ce numéro.

Une demi-heure plus tard, Guy m'attend dans le hall de l'hôtel.

Je n'ai pas l'impression d'être insupportable quand je m'entends lui dire :

— Je suis la femme de Bertrand de Labbey, éditeur de Gilbert Bécaud. Vos deux chanteurs m'intéressent beaucoup, et en plus je travaille à Europe 1, une radio française.

Va-t-il me trouver odieuse ? Non, il semble content.

— *L'Hostie Show*, c'est un spectacle communautaire qui fait partie du nouveau courant musical nord-américain. Il y a *Hair* à New York et *L'Hostie Show* ici, au Canada. Malheureusement, ils jouent en province en ce moment. Ils seront demain à Chicoutimi, c'est loin.

— Non, je veux y aller. Vu de France, Chicoutimi ou Montréal, c'est pareil.

— OK, je passe vous prendre demain vers midi.

Lorsque j'annonce mes projets à Bertrand, je trouve que j'ai un mari formidable. Nous deux, c'est de l'or. Il est content quand je suis contente.

Je le sens près de moi même si je suis loin, embourbée dans la neige, dans une voiture qui roule vers le nord. Trois heures, quatre heures, je ne sais plus. Nous arrivons au bout du monde. Le spectacle a lieu dans un club et je découvre une troupe et une star : Robert Charlebois.

À la fin du show, accompagnée de Guy, je me précipite vers lui :

— Vous êtes formidable. Je veux absolument vous emmener à Paris, vous allez faire l'Olympia.

Pauvre folle. Eux, ils y croient. Guy me dit qu'il va voir les plannings et que peut-être… dans six mois.

Retour en France. « Dans le Vent » n'a pas survécu à Mai 68. Hubert est parti pour Los Angeles et moi j'entame avec Jacques Paoli la tournée d'été d'« Europe Midi », le journal de la mi-journée. Je m'occupe de toute l'organisation et, au lieu de faire simple, c'est toute la caravane d'Europe qui s'ébranle. Une armée de Méhari sillonne la France et j'ai embarqué avec moi la Divine, ravie de retrouver l'ambiance de tournée qu'elle avait pu connaître dans la troupe des Ballets russes du temps de sa splendeur. Toutes les villes se battent pour nous accueillir : Le Touquet, Deauville, Biarritz, Cannes, Monaco, Évian. Les stars défilent et font le show. À La Baule, Gilbert Bécaud fait un triomphe et décide de passer la soirée avec nous, d'autant que cette nuit, Armstrong a l'intention de marcher pour la première fois sur la Lune. À 4 heures du matin, Gilbert vient tambouriner à notre porte en hurlant qu'il ne faut pas louper un événement pareil. Tout le monde se retrouve dans le salon du Grand Hôtel agglutiné devant la télévision… sauf moi. Trop fatiguée, j'ai loupé ce truc dont les images vont faire le tour de la planète.

À la fin de la tournée, Jacques Paoli décide de poursuivre l'expérience information-spectacle à la rentrée dans une émission quotidienne qui durera trois heures chaque après-midi et qui s'appellera « Carré bleu ».

Évidemment, la garde rapprochée est là : Claude François, Julien Clerc, Joe Dassin qui m'a fait plancher sur une version espagnole de *L'Été indien*, qu'il a enregistrée en pleine nuit, en me rendant folle car il n'a aucun sens des accents toniques.

Je suis tellement inconsciente, heureuse et sûre de moi que je ne suis même pas étonnée de recevoir un coup de téléphone d'Annie Fargue, coproductrice du *Hair* américain avec Bertrand Castelli, l'homme au blazer bleu qui n'a pas perdu ma carte. Ils arrivent à Paris pour organiser les auditions de la version française. On a tellement parlé du spectacle à Julien que Bertrand (le mien) n'a aucun mal à le convaincre d'y participer. De toute façon, le rôle est pour lui. Il est intelligent, il accepte. Le succès suit, colossal.

Mais Guy Latraverse a lui aussi rappelé de Montréal, et c'est une autre paire de manches. J'ai fait une promesse. Comment la tenir ? La seule date disponible pour Charlebois à l'Olympia, en première partie, c'est en avril. Pas moyen de changer. Il est maintenant une star au Canada. Et en avril, à l'Olympia, il y a Georgette Plana. Si j'avais été moins folle et surtout plus intelligente, j'aurais appelé Guy : « Écoute-moi, avril, ça ne va pas, il faut reporter. » Mais ce qui l'emporte, c'est mon orgueil. Et je me dis que ça peut le faire. La chanson qui m'avait tant plu, *Lindbergh*, a été matraquée sur Europe et le disque est sorti en France. C'est un succès d'estime suffisant pour que Bruno Coquatrix se laisse convaincre de le prendre en première partie du spectacle de Georgette Plana avec trois chansons. Il paiera les billets d'avion, les chambres d'hôtel et les cachets des musiciens, ainsi qu'un défraiement pour Robert.

Le grand jour arrive. Je vais les chercher à l'aéroport. J'ai loué un minibus avec mon argent, sans rien dire à Bertrand. Les répétitions sont magiques. J'ai tanné la maison de disques pour qu'elle organise un dîner chez Castel. La vie est belle.

Je me suis régalée en écoutant les trois chansons : *Elle s'appelait Conception (et avait besoin d'affection)* ; *J'suis un gars ben ordinaire* ; *Lindbergh*. Il n'y a pas eu de répétition filée. Robert ne sait donc pas qu'avant lui, il y a un dresseur de caniches et qu'après lui, il y a Georgette Plana.

5

LA GRANDE AVENTURE

Le jour de la première, Bruno Coquatrix convoqua tout le monde à 17 heures, histoire de faire une mini générale. On fila le dernier numéro de chaque artiste pour permettre au présentateur, convoqué à la hâte, de préparer les enchaînements. Robert, dans les coulisses, voulait parler à Georgette Plana, ce qui lui évita de découvrir les bonds du caniche dans des cercles de feu ! Le rideau tombé, la salle commença à se remplir. Je filai au contrôle retrouver les journalistes que j'avais invités. Ils étaient tous là, Danielle Heymann de *L'Express*, Lucien Rioux du *Nouvel Observateur*, et Rémy Kolpa Kopoul de *Libération*.

J'étais sur un petit nuage et j'imaginais déjà les papiers dans les journaux, le lendemain matin. Je m'étais installée au bout du balcon, au-dessus de la scène, près de la porte de secours, pour assister à la pitoyable annonce du présentateur : « C'est un cousin du Québec, il s'appelle Charlebois. » Contrairement à tout ce qui avait été prévu la veille, Robert arriva sur scène et appela tout de suite Louise Forestier pour chanter *Lindbergh*.

En France, c'était le tube, il fut donc accueilli par une ovation. Les applaudissements terminés, il se dirigea vers le piano avec une lenteur cinématographique, en *slow motion*. Il allait bisser la première chanson. Il enfonça les deux premières notes :

« J'suis un gars ben ordinaire
Des fois j'ai plus le goût de rien faire... »

Il jouait d'une main, et de l'autre, il commença à dévisser le pied du micro.

« Il faut que je pense à ma carrière
Je suis un chanteur populaire... »

Il jeta le pied du micro dans la salle et se précipita vers la batterie.

« Vous voulez que je sois un dieu
Si vous saviez comme je me sens vieux... »

Il dévissa les timbales et le charleston et balança le tout dans la salle.

« Le jour où je n'en pourrai plus
Y en aura d'autres plus jeunes, plus fous... »

Les deux caisses claires valsèrent dans le public, qui se protégeait du mieux qu'il pouvait.

« Si je chante c'est pour qu'on m'entende
Quand je crie, c'est pour me défendre. »

La guitare suivit une trajectoire désespérée jusqu'au dixième rang. Le rideau se ferma brutalement alors qu'on l'entendait encore.

« J'suis pas un chanteur populaire
J'suis un gars ben ordinaire. »

L'entracte dura quarante-cinq minutes. Il fallut tout ranger, tout recâbler pour la deuxième partie. Les journalistes avaient fui, les rédactions crépitaient. Bruno Coquatrix me convoqua dans son bureau, derrière la scène.

— C'est très grave. Je ne veux plus jamais voir ce fou dans mon théâtre. Quant à vous, vous allez payer les dégâts. Ça vous mettra un peu de plomb dans la cervelle.

Guy Latraverse me récupéra dans les coulisses. J'étais livide. J'entendais à peine mes mots.

— Je suis désolée de t'avoir entraîné dans une galère pareille.

— Fais-toi pas de misère, dit-il, demain on fait le *front page* de tous les journaux de Montréal.

— Où est Robert ?

— Ils sont tous à l'hôtel, ne viens pas ce soir, ils vont se pacter[1], on y verra plus clair demain.

Le lendemain, *L'Express*, *Le Nouvel Obs* et *Libé* criaient au génie, déplorant simplement le peu d'expérience de celle qui avait innocemment programmé l'artiste dans un spectacle affligeant. Robert, au contraire, trouva ça extraordinaire, tabernacle de fille. Bertrand me trouva à la fois imprudente et dans le coup. J'en déduisis qu'il m'aimait.

Robert resta huit jours à Paris tant les demandes d'interviews étaient nombreuses. À l'Olympia, il chantait

1. Abuser d'un breuvage alcoolisé.

dans une euphorie triomphale quatre chansons. À Europe, *Ordinaire* passait trois fois par jour. Lucien Morisse s'était porté garant de mes dettes envers l'Olympia.

Un soir, à la maison, tard, très tard, le téléphone sonna.

— *¿Qué tal?* Marie-France, c'est Carlos Fontana de Buenos Aires.

Tiens, je l'avais oublié, celui-là. Le producteur du Canal 13 qui avait engagé Sylvie. Le *Flequillo* de Paris.

— Serait-il possible de contacter Alain Delon pour un show TV unique en Argentine, son prix sera le nôtre…

— Pas de problème.

Comment ça, « pas de problème » ? Je suis folle ou quoi ? Je ne le connais pas, moi, Alain Delon ! Je l'ai croisé une fois à la réception d'Europe 1, c'était le jour où Carlos Monzón, de passage à Paris, était venu me prendre à la radio pour déjeuner. Je lui avais présenté Delon pour faire la maligne. Pas suffisant pour le contacter directement. J'appelle son agent, Georges Baume, qui me rit au nez. Comment faire ? Ce casse-pieds de Fontana m'appelle toutes les nuits.

De guerre lasse, je lui dis :

— C'est tellement cher que ce ne sera pas possible.

Il ne se démonte pas :

— OK, j'ai une idée, j'appelle Coca-Cola qui apportera l'argent.

Je ne peux plus bluffer quand Delon m'appelle en direct :

— Mademoiselle Marie-France, je veux bien venir en Argentine si je peux racheter l'original de l'Appel du 18 juin du général de Gaulle à un collectionneur qui habite Buenos Aires. Trouvez-le et je viens !

J'appelle directement Beco Rota, qui m'avait si bien aidée pour Sylvie, je lui raconte tout et je lui dis :

— Trouve-moi cette lettre du 18 juin.

Il l'a trouvée. Je n'ai rien voulu savoir de la transaction. Mais peu importait, Delon irait en Argentine. J'étais tellement éberluée d'avoir réussi mon coup que j'arrivai en bas de chez lui à Solex et c'est casque sur la tête que je sonnai. Il ouvrit lui-même la porte et, sans bonjour ni rien, je lui dis d'une traite :

— Je ne pourrai pas aller à Buenos Aires avec vous, je ne peux pas quitter la radio en ce moment.

— Mais je suis grand, ma petite, je ferai bien tout ce que vous me direz de faire... Et j'en profiterai pour rencontrer votre copain Monzón, nous avons de grands projets, tous les deux.

À son retour, Delon me rapporta toutes les coupures de presse : une valise entière.

Bertrand, mon mari, m'ayant fait remarquer qu'une transaction réussie ne se concluait pas avec un paquet de bonbons, j'eus le courage de demander au producteur argentin un petit pourcentage, qu'il me donna.

J'étais riche. Sur les conseils de Daniel Filipacchi, nous avons passé une semaine de vacances à Cargèse, en Corse, et je suis tombée amoureuse de ce village et de son cimetière marin. C'était là que je voulais finir, ou plutôt commencer tout de suite à larguer nos futures amarres. La propriétaire de l'hôtel Thalassa, sur la plage du Péro, où nous avions atterri, nous annonça un soir entre chien et loup qu'une maison dans le village était à vendre. Et c'est avec l'argent de la tournée de Delon dans mes chaussettes que j'arrivai chez le notaire à Vico, la sous-préfecture, pour signer la promesse de vente.

Cargèse est un piton sur la mer, créé par Marbeuf dans les années 1700 pour abriter tous les Grecs arrivés par bateau après avoir été chassés de Gênes par les Italiens. Mais Cargèse, c'est aussi un village où poussent trois ombús. L'ombú, c'est l'arbre emblématique de l'Argentine. Par quel miracle étaient-ils arrivés en Corse ? La légende veut que Christophe Colomb soit né à Calvi et qu'il ait rapporté des Amériques l'arbre *porteño* qu'il planta çà et là sur le chemin du retour. Pour moi, le signe était fort. J'envoyai un télégramme à ma mère à Buenos Aires : « Reviens t'asseoir en Corse, à l'ombre de l'ombú. » La maison était semblable à toutes celles du village. Une vaste pièce avec une cheminée en bas, une grande cuisine, un escalier de meunier menant aux chambres. Trois mois après, nous fîmes allègrement un emprunt sur quinze ans pour signer l'acte définitif.

Les vacances corses commencèrent l'été suivant. Julien, France, Bertrand et moi, mais aussi Tony Krantz, ma meilleure amie, et son mari, cardiologue, qui arriva en sauveur dans un village sans médecin. Dominique dirigeait dans la région parisienne une clinique avec Jacques Guérin, un ami chirurgien. Tous deux s'éprirent de Cargèse et, toujours grâce à Marie du Thalassa, ils trouvèrent sur les hauteurs de la plage du Péro un immense terrain qu'ils partagèrent en deux maisons. La saga cargésienne était née. Quatre ou cinq années de vacances s'écoulèrent au gré des fous rires, des balades en mer, des oursinades et des dîners dans le jardin, où nous refaisions le monde.

Parfois, Daniel Filipacchi croisait au large et nous nous retrouvions dans un restaurant du bord de mer, près de Piana. Souvent, Claude François faisait des arrivées tonitruantes dans le port de Cargèse, sonnant la corne de brume à l'heure de la sieste.

Je n'ai jamais eu aucune conscience de trop remplir la maison ni de confondre vacances et travail. Je pensais avoir raison. J'avais pris une semaine pour emmener Hervé Vilard en Argentine où je retrouvai avec joie la maison de la rue Acoyte, ma mère et mes oncles. Hervé découvrit la belle vie, je le présentai à mon copain Beco Rota qui en fit une star incroyable dans toute l'Amérique du Sud. À Europe, tout allait bien. J'étais devenue poisson-pilote, la dénicheuse de talents, au point qu'un ami de Lucien Morisse, Gérard Lebovici, qui dirigeait la plus grande agence de comédiens de France, me proposa au cours d'un déjeuner très solennel chez Marius et Jeannette, place de l'Alma, de créer au sein d'Artmedia un département variétés dont j'aurais l'entière responsabilité. J'étais flattée. C'était la première fois qu'on me proposait un vrai métier. Mais j'étais intimidée par la stature de celui qui représentait des géants comme Montand, Signoret ou Lino Ventura. J'avais l'impression de ne pas être assez compétente pour accepter ce job, moi qui, après tout, n'avais passé mon temps qu'à m'amuser. Il fallait quelqu'un d'appliqué, de sérieux, de déterminé.

Bertrand, bien sûr.

— Êtes-vous sûre de ne pas regretter un jour de n'avoir pas saisi cette chance ? lança encore Lebovici.

— Non, non, tout va bien. Je crois que je vais vous présenter votre futur partenaire…

Bertrand donna sa démission du Rideau rouge et, pour Gilbert Bécaud, je fus celle par qui le scandale arriva.

Gilbert avait toujours été gentil et courtois avec moi. Nous avions souvent passé des vacances tous ensemble, avec Kitty et les enfants, à Crans-sur-Sierre. Et c'est vrai que Bertrand partait à cause de moi, entraînant avec lui Julien Clerc, bien sûr, et Renaud que nous avions connu aux Blancs-Manteaux où il chantait Aristide Briand, un bandana rouge autour du cou. Charlebois avait bien évidemment rejoint la nouvelle équipe. J'étais retournée à Montréal assister à son triomphe qui, de l'avis de tous là-bas, était dû à l'épopée parisienne.

Pour m'en convaincre, Guy Latreverse, son imprésario, m'offrit une toile de Bernard Buffet, une nature morte qui avait atterri à Montréal dans la succession du cinéaste Raoul Lévy fraîchement disparu.

J'avais repris l'avion, la toile roulée dans ma valise. Je n'en revenais pas. C'était ma première œuvre d'art et je l'affichai ostensiblement dans notre salon, allant même jusqu'à inviter Annabelle Buffet, qui venait d'enregistrer ses premières chansons, à dîner. Elle se planta devant le tableau. Des minutes qui durèrent des siècles. « Je ne suis pas sûre que Bernard ait peint ça. » J'avais l'estomac dans les chaussettes. Je lui racontai la provenance de la toile. Elle décida de l'emprunter pour la montrer à Buffet. J'étais déchirée. « Je te la rends demain, si tout va bien. » Je n'en dormis pas de la nuit. Le verdict tomba au matin sous la forme de la sonnerie stridente du téléphone : « Bernard n'a jamais peint ça. » J'avais du mal à respirer. « Allô, tu es toujours là ? Voilà ce qu'il propose : il va un peu copier celui-là, mais au moins ce sera un vrai. Par contre, le faux, on le confisque, d'accord ? »

Je multiplie les voyages qui me semblent indispensables, sans me rendre compte que je laisse filer ma vie. Première des Rolling Stones à Bruxelles, sur la tournée de Claude François, mais aussi périple en Argentine avec Julien Clerc à la recherche d'une nouvelle inspiration musicale. Julien n'est pas connu à Buenos Aires ; le seul deal que j'ai pu trouver, c'est une rencontre avec Astor Piazzolla à la télé publique en échange de deux billets d'avion à tarif ultraréduit qui nous bloquent en Argentine pendant plus de huit jours.

Nous habitons la grande maison de la rue Acoyte et Julien s'immerge dans ce qui reste de ma famille argentine. Je l'emmène au Gran Almacen et au Caño 14, les deux grands bastions du bandonéon *porteño*.

De retour en France, il compose *Loco*, et Étienne Roda-Gil, à qui je raconte notre voyage, écrit les paroles de la chanson sur une nappe de bistrot.

À Cargèse cet été-là, la maison grince. Bertrand semble ailleurs. J'essaie d'attirer son attention en fuguant sur mon Cady[2] blanc, mais tout le monde s'en fout. Je me réfugie auprès des casseroles et j'apprends chez Madeleine, la bouchère, à découper le marcassin et le cabri. Rien n'y fait. Je me sens seule. Non, pas complètement seule, j'ai une énorme boule dans l'estomac.

---

2. Motobécane à la mode à cette époque.

La rentrée est digne d'une rentrée parisienne. Les émissions ont repris. Tous les après-midi, chanteurs et comédiens se succèdent à Europe. Le soir, ça continue : première de Léo Ferré à l'Opéra-Comique et de Maxime Le Forestier au Théâtre de la Ville. Projection privée de *Vincent, François, Paul... et les autres*, ou l'étrange impression d'être heureux.

Et tout se précipite le 17 septembre : première au théâtre d'Annie Girardot dans une pièce anglaise adaptée par Jean-Loup Dabadie, *Madame Marguerite*. Jean-Loup a épousé la sœur de ma meilleure amie, Laurence, qui travaille avec moi à Europe 1, et tout le monde se retrouve à l'entracte dans le foyer du théâtre. Catherine Deneuve est là. Pourquoi Bertrand et elle ne se disent-ils pas bonjour ? Jean-Loup nous l'avait présentée quelques mois auparavant. Une boule me frappe au cœur. Quelque chose m'échappe, mais je n'ai pas trop le temps d'y penser. Julien débute à l'Olympia et, lors de mon dernier voyage à Montréal, Guy Latraverse m'a présenté une fille démente qui chante une chanson que j'adore : *Aujourd'hui, j'ai rencontré l'homme de ma vie.* J'ai convaincu tout le monde de lui laisser faire la première partie du spectacle de Julien, mais elle arrive deux jours avant, la coupe Jeanne d'Arc, les seins peints à l'effigie du Québec et les cuissardes triomphantes, prête à fouler la scène de l'Olympia. Les tomates fusent. Roda-Gil et moi arpentons le balcon tout au long du show, à la recherche des détenteurs de cageots. Mais le lendemain, une artiste est née, elle s'appelle Diane Dufresne.

Ma vie va mal. Bertrand ne rentre plus jamais le soir à la maison. Le bruit de la clé dans la serrure me rassure au petit matin, mais très vite le chagrin agressif prend le dessus. Au lieu de ne rien dire, de laisser faire, je tempête et je menace d'aller m'installer dans un ailleurs où je ne serai plus obligée de supporter un mariage trop lourd à porter.

D'ailleurs, une nuit, je prends une chambre dans un palace, comme ça, pour voir. Je laisse le téléphone sonner. Je m'enfouis sous les édredons, persuadée que Bertrand est en train de craquer. Enfin, on frappe. Je suis contente. J'enfile à la hâte mon tee-shirt Blue Mountain et j'entrouvre la porte comme dans les comédies de Cary Grant. Mon sourire triomphant se fige : c'est le veilleur de nuit.

— Ah, madame, excusez-moi, c'est votre mari qui m'envoie. Il a téléphoné plusieurs fois. Vous ne répondiez pas et il se demandait si vous n'étiez pas morte…

Le lendemain après-midi, rue François-Ier, sur le trottoir, il m'avoue tout. Oui, il est amoureux de Catherine Deneuve. Oui, il va partir… Finalement, il semble soulagé. Le largueur a le beau rôle. Moi, je suis K-O debout.

Les décisions s'imposent. J'ai la chance d'être très protégée par mes amis : Claude François qui m'emmène dîner tous les soirs chez Castel ou chez Régine en ayant pris soin de téléphoner avant pour ne pas risquer de rencontrer les amants fatidiques, ou Laurence qui fait bien attention de fermer le bureau à clé si j'ai envie de pleurer.

Mais je ne peux pas rester à Europe 1 où tout le monde m'a connue heureuse. Lucien Morisse s'est tiré une balle dans la tête. Rien ne me retient plus. Jean-Luc Lagardère, le grand patron, m'emmène passer un week-end dans son haras du Val-Henri, en Normandie, pour me convaincre de rester.

— Tout le monde vous aime, ici, vous êtes en sécurité.

L'après-midi, je le vois au bord des larmes devant un poulain qui ne survivra pas. Il m'attendrit mais je ne fléchis pas. Je ne veux pas de sécurité, je veux supprimer le passé, traquer l'incertitude et donner ma démission pour me reconstruire.

J'en profite pour divorcer, j'ai été plaquée, point final.

Trente ans, c'est pas un drame, *dixit* le juge :

— Rien n'est grave, vous n'avez pas d'enfant…

Se mettre en danger mais ne pas couler.

— Fais la planche, me conseille Jean-Loup Dabadie.

Même Bertrand est plein de sollicitude :

— Tu ne devrais pas garder ce grand appartement, prends un studio.

Cause toujours, mieux vaut être malheureuse dans un placard, c'est bien connu.

Pour me consoler, Claude François me rapporte de Pologne des pilules de cellules souches qui devraient me donner l'air plus jeune que l'autre. Mon instinct de survie me fait ne pas les utiliser, mais je navigue très difficilement entre amour et amour-propre. Je suis une vieille petite fille, même pas riche… Tous les symptômes des vieux avec un visage d'enfant.

Et c'est à ce moment-là que la Divine, ma mère, m'annonce qu'elle veut voir Israël avant de mourir. Je m'inquiète. Si vraiment elle est malade, je ne peux pas rester plantée là, à macérer dans mon chagrin. Charley Marouani et Frank Pourcel, en partance pour la mer Morte, nous proposent de les accompagner.

La Divine découvre Jérusalem. Et moi, je constate que trois commères ont raconté jadis la même histoire de trois façons différentes. Et j'imagine un rabbin priant contre le mur des Lamentations et glissant un message dans la fente, un message sur un papier qui tombe de l'autre côté, dans le bassin de la Grande Mosquée. Un imam prend le papier, le jette par-dessus son épaule, et il atterrit sur le tombeau du Christ.

Un avion nous emmène vers Charm el-Cheikh. Horrifiée, je survole les camps palestiniens. Je me révolte et maman est ravie que je réagisse enfin ! N'empêche qu'au retour, et pendant longtemps, elle viendra partager avec moi le petit déjeuner sans parler de rien. Juste pour être là, près de moi.

Il faut que je travaille. Mais que faire ?

Guy Latraverse organise à Québec le festival des Plaines d'Abraham et me demande d'amener la presse française au mégaconcert réunissant Félix Leclerc, Gilles Vigneault et Robert Charlebois.

C'est magique. Trois cent mille personnes reprennent en chœur *Quand les hommes vivront d'amour.* Les fidèles m'ont suivie : Danielle Heymann pour *L'Express*, Lucien Rioux pour *Le Nouvel Obs*, Rémy Kolpa Kopoul pour *Libération*, mais aussi Jean-François Bizot que je n'avais pas revu depuis Mai 68. Mon amie Laurence m'accompagne. Elle n'a pas hésité à quitter Europe pour m'aider à tout organiser.

Les retrouvailles avec Robert sont toujours aussi tendres. Je lui présente Laurence, et là, tout s'arrête, comme dans les films de Lelouch… Je repartirai seule pour Paris. Robert et Laurence se marieront peu après.

Un soir, Jacques Martin, mon compagnon d'infortune, m'emmène chez Castel. Accoudé sur la toile cirée de la table de la cantine, il m'annonce :

— Antenne 2 me propose d'animer tous les dimanches une tranche horaire énorme. J'ai des idées mais il va aussi falloir faire venir des artistes, et je crois bien que j'ai besoin de toi. Quatre jours de préparation et six heures de direct, ça te va ?

Je viens de rencontrer l'éphémère, la semaine au cachet, la vie d'artiste, quoi. Et même si la Société française de production (SFP) me fait signer des contrats de trois jours, nous bossons comme des malades.

6

LES ANNÉES TÉLÉ

À la télé, j'entraîne tous mes amis. Et dans « Musique and Music », ils défilent et participent à des soirées à thème comme ce « Spécial Boris Vian » qui réunit Reggiani, Nougaro, Gainsbourg, mais aussi un jeune auteur-compositeur, Bernard Lavilliers.

Il a débarqué un après-midi au studio de L'Empire[1], un ampli sur la tête. Il l'a posé à mes pieds et a branché sa guitare.

— Vous êtes capable d'écouter une chanson ? m'a-t-il demandé.

Il en chantera trois. Martin, Desproges et Collaro sont arrivés dans la salle et, à quatre, nous lui faisons sa première *standing ovation*.

Le lendemain, Lavilliers m'emmène voir *Rocky* au cinéma. À peine sorti de la salle, il compose *15e Round*.

« Faut pas jouer les loubards
Pas casser les portes
Pas rêver qu'un blouson noir
Décuple les forces

1. L'Empire était une salle de spectacle située dans le XVIIe arrondissement de Paris.

Si j'pouvais m'arrêter là
Passer mes gants et mes bras
Autour de son cou fragile
Et rêver que c'est facile... »

J'ai beau n'être qu'une muse de passage, j'ai l'impression de nager en pleine création.

Laurent Voulzy me demande de traduire *Rock-collection* en espagnol, je lui propose de l'aider à l'enregistrer ; ça lui prendra sept mois, dans son studio en banlieue ! Quand Lavilliers est là, il m'accompagne en camion. Avec Jacques Martin, j'entre aussi dans un autre univers : celui de la dérision. Il m'initie avec Desproges et Collaro à l'investigation humoristique. « La Lorgnette » discipline ma fantaisie, l'aiguise. J'apprends à rire de tout, et surtout de moi.

L'émission s'arrête l'été et les cachets aussi. Désormais, je suis ma seule cocotte et je me coûte très cher.

Un copain argentin m'obtient un job d'assistante de production pendant deux mois au Canal 30 de la télé *latina* de Los Angeles. Là-bas, je retrouve Maxime Le Forestier, Diane Dufresnes et Geneviève Bujold flanquée de Francis Huster. Ensemble, nous louons la maison de Diana Ross à Malibu et découvrons l'*American way of life*. Dans la maison, il y a des grenouilles partout : cendriers grenouilles sur le bureau, tableaux grenouilles aux murs, assiettes grenouilles dans la salle à manger... La cheminée s'allume avec un interrupteur, les bûches sont fausses et fluo. La vraie vie, quoi...

J'en profite pour rendre visite à Sylvie Vartan sur Canyon Drive. Elle habite une maison décalée dans le plus pur style années cinquante, avec un grand salon flanqué d'un énorme bar blanc laqué et de hauts tabourets cloutés. Nous refaisons le monde autour d'une margarita givrée. Son fils, David, s'exténue à taper sur une énorme batterie offerte par son père pour compenser une absence dont Sylvie a du mal à parler. Moi, je suis venue dire à la témoin de mon mariage qu'il n'y a plus de mariage. Ça l'affole. Elle n'ose pas me dire qu'elle, elle n'en a pas le courage... David nous perce les tympans ! Néné[2] sort une énorme tarte aux pommes du four... et je me sens en famille.

En septembre, la session « Dimanche Martin » redémarre. Nous travaillons comme des fous et rions tout autant. Les émissions s'égrènent tout au long de l'après-midi : « La Lorgnette », bien sûr, suivie de « Monsieur Cinéma » avec Pierre Tchernia et Jacques Rouland, puis une série américaine hilarante, le « Muppet Show », qui met en scène des marionnettes en forme d'animaux et des vraies stars, suivi du « Thé dansant » où Jacques se vautre avec délice dans des airs d'opérette. Ensuite, c'est « L'École des fans », une idée rapportée du Japon par Martin où il avait vu des petits enfants se confier à un vieux monsieur et lui chanter des comptines un dimanche matin à la télé.

C'est beaucoup plus tard, alors que « L'École des fans » faisait un malheur en France, qu'Adamo, star au Japon, nous apprit qu'il s'agissait en fait là-bas d'une émission religieuse !

Vers 18 heures, nous rendons l'antenne à Cognacq-Jay pour l'émission sportive et le journal, puis nous la

2. Surnom affectueux que nous donnions à la mère de Sylvie.

reprenons avec « Musique and Music », qui mène la vie dure au film de TF1.

Au bout d'une saison, la session connaît un tel succès que la direction de la chaîne décide de nous accorder une heure de plus.

— C'est entre la messe et « La Lorgnette », tu fais ce que tu veux, décide Jacques Martin.

Ce que je veux... peut-être une émission pour les ados. J'ai connu ça à Europe avec « Salut les copains » et « Dans le vent », mais à la télé, c'est le désert. Je crée « Blue Jeans » et, pour la présenter, je débauche Jean-Loup Lafont, la coqueluche des jeunes sur Europe. Pour la réaliser, je choisis un cadreur avec qui je travaille souvent à l'Empire, Jean-Louis Cap. Je lui raconte l'émission que j'ai vue en Angleterre, où les caméras courent dans tous les sens. Jean-Louis casse les traditions de la SFP en dévissant tous les pieds lourds des caméras. Il prend la sienne à l'épaule et bouge au rythme des groupes qui se succèdent et parmi lesquels Téléphone s'impose.

Un jour, Bernie Bonvoisin, le chanteur de Trust, arrive avec une barre de fer qu'il brandit vers moi, pour être sûr, dit-il, de passer dans l'émission. Pas besoin, *Bosser huit heures*, nous on aime ça.

Parfois, Jacques Martin débarque dans le studio, tirant sur ses grosses bretelles bariolées. Il a l'air amusé, il trouve que la fumée, la lumière et le bruit font bon ménage.

Ma vie est volontairement insouciante. Ma seule certitude : je ne me remarierai jamais. Parfois, je me demande s'il faut être fort dans ses faiblesses ou faible dans sa force. Mais mes vieux complices JB et Chivas balaient souvent mes doutes et mes chagrins, et forgent ma décision : ne plus jamais souffrir.

Un soir, je dîne avec un copain photographe chez Guy, un restaurant brésilien de la rue Mabillon. Nous fermons les yeux et pointons nos doigts croisés vers une carte d'Amérique du Sud accrochée au mur. Ils atterrissent sur San Salvador de Bahia. Le lendemain matin, billets en poche, nous embarquons pour le Brésil. Trois jours de délire, d'alcool et de soleil brûlant sur les plages d'Itaparica ou sur les traces des rubans d'offrande à Nuestra Señora de Bonfin.

Le dernier soir, le téléphone sonne. C'est mon père.

— Il faut que tu rentres, Jacques Martin te réclame. Il veut enregistrer deux émissions dans la même semaine. Il t'attend après-demain.

Pour la première fois, le capitaine a l'air amical, voire complice.

— Tu t'amuses bien, au moins ?

Il a failli m'arracher un « Bonsoir papa », et c'est en tout cas presque tendrement que je le remercie de son coup de fil.

Après le dîner, sur la place du Peilurinho à Bahia, nous sommes entraînés dans une énorme « macumba ». Un homme en transe, les yeux exorbités, se jette sur moi.

Vocé, vocé (« Vous, vous »)
Pobre vogadre (« Pauvre de vous »)
Su pobre Padre (« Votre pauvre père »)

Je le repousse brutalement, me disant que j'ai affaire à un illuminé qui a trop forcé sur le *lança-perfume*[3].

Le lendemain, en début de soirée, nous atterrissons à Orly. La longueur du voyage nous a dégrisés mais je vais être rappelée brutalement à la réalité par mon frère qui m'attend à la sortie de la douane. Je ne l'ai pas vu depuis au moins un an. Il est livide.

— Papa est mort cette nuit d'une crise cardiaque.

En signe de deuil, ma mère quitta la France pour une ultime traversée. La vie de paquebot, c'était fini.

3. Vaporisateur rempli d'éther qui provoque une certaine euphorie.

7

LARGUEZ LES AMARRES

La deuxième saison de « Dimanche Martin » bat son plein. Je suis une intermittente de luxe. Les cachets se succèdent chaque semaine et je suis payée pour chaque émission de l'après-midi. Au total, ça va, et bien évidemment je pense que ça ne va jamais s'arrêter. Jusqu'à ce soir de mai où nous dînons tous, comme d'habitude, après l'enregistrement de l'émission. Claude François est parmi nous. Il vient d'enflammer l'Empire avec ses Claudettes. Jacques l'aime bien depuis que je les ai amenés, Collaro et lui, au Moulin de Dannemois, la maison de Claude. Il leur a fait visiter sa cave et a ouvert pour eux quelques bouteilles rares. C'est au cours de ce dîner insouciant et drôle que Jacques, solennel, se lève et déclare :

— Voilà, j'ai fait le tour du problème et si je ne veux pas mourir idiot, il faut que j'arrête de faire le clown à la télé. Je veux devenir chanteur d'opérette. Je pars en tournée avec *La Belle Hélène*.

Collaro et moi nous regardons et comprenons : à lui l'opéra-comique, à nous le chômage. Jacques, lui, est ravi. Il m'invite à la première du spectacle à Strasbourg et je ne le reconnais pas en Ménélas.

Je rentre à Paris. Que faire ? Stéphane est beaucoup moins démoralisé que moi. Il a tout de suite l'idée de faire une adaptation française du « Muppet Show ». Il trouve que Kermit, la grenouille, ressemble à Mitterrand, et gamberge déjà au « Bébête Show ». Mais on ne plaisante pas avec les Américains. Il nous faut les droits. J'appelle Nesuhi Ertegün à New York qui m'organise une rencontre avec Hanson, le créateur des marionnettes en Amérique.

— Il faut que vous veniez, conseille Nesuhi. Moi, je vous recommande, mais ces choses-là se font de vive voix. Je suis sûr que tu sauras le convaincre.

Nous dépensons nos indemnités de chômage dans deux billets d'avion et je loue une superbe limousine blanche à rallonge, histoire d'être à la hauteur du rendez-vous. Ce que je ne sais pas, c'est que les bureaux de Hanson, l'inventeur des Muppets, ne donnent pas sur l'entrée de son entreprise. Il ne verra donc pas l'arrivée de la somptueuse limousine depuis le vingt-deuxième étage de son magnifique immeuble !

Nos arguments ont suffi, nous obtenons les droits de Kermit la grenouille, devenue président, et qui fait un triomphe.

Très vite, le « Collaro Show » est un gros succès hebdomadaire. Mais ça ne suffit pas. Alors, profitant de l'angoisse de la SFP[1] qui, après le départ de Martin, s'est retrouvée avec le théâtre de l'Empire sur les bras, j'y organise des spectacles expérimentaux que j'enregistre, comme un concert avec Gérard Depardieu qui,

1. Société française de production, alors société d'État. Pour les prestations techniques, on avait obligation de passer par la SFP.

le temps d'une heure et demie, devient crooner. Je continue avec un autre show complètement baroque avec Carole Laure et Lewis Furey. Une expérience saluée par la critique qui ne fait pas pour autant grimper l'Audimat. Mais le truc le plus fou, c'est le projet d'adapter à la scène un album écrit par Michel Berger et Luc Plamondon : *Starmania.* Une succession de chansons interprétées par des artistes prodigieux mais dont l'album reste confidentiel, au grand dam de Bernard de Bosson, le patron de Warner. Je propose un concert exceptionnel avec un grand orchestre qui alignerait toutes les chansons et je demande aux deux auteurs d'assurer les commentaires entre les numéros. Ces deux-là, accoutrés d'un chapeau haut de forme pour Luc et d'un frac sur un jean pour Michel, vont raconter sur scène l'histoire de *Starmania.* Et pour la première fois se joue un spectacle incroyable avec Daniel Balavoine, Diane Dufresne, Claude Dubois, Fabienne Thibeault et Nanette Workman. Seule France Gall manque à l'appel, elle est à l'hôpital pour la naissance de Pauline. Nous lui dédions la soirée.

Le spectacle est beau et donne l'idée à Luc et Michel d'en faire une vraie comédie musicale. Vous connaissez la suite. Moi, je suis assez contente car présentement, comme disent les Québécois, les sondages sont bons. L'album décolle et atteint les 800 000 exemplaires vendus.

Dans le genre « idées folles », plus rien ne m'arrête. Serge Gainsbourg m'entraîne à Londres. Il réalise le clip de la dernière chanson de Marianne Faithfull et me propose de venir faire le film du film.

— Ce sera un scoop, lance-t-il. Je vais négocier votre cachet pour « Les Enfants du rock ».

Banco. Jean-Louis Cap et moi suivons la Bentley chargée de vodka pour lui et de cocaïne pour elle sur les docks du vieux Londres. Le reportage est dément. Pierre Lescure m'en commande d'autres.

Mais ça ne suffit toujours pas, les impôts arrivent en plus du loyer. C'est la mort dans l'âme que je suis obligée de mettre en vente la seule richesse que je possède : la vraie toile de Buffet ! J'assiste en cachette aux enchères et, quand le marteau tombe, il me libère de mes dettes tout en me faisant mal. Je suis à la fois honteuse et malheureuse. Je m'en veux, je me trouve minable.

Le soir même, je dîne avec Claude François chez Leduc. Il ne va pas bien, lui non plus. Après *Comme d'habitude*, il n'a jamais retrouvé un succès à la hauteur.

— Je manque d'inspiration, tu vois, il faudrait que je puisse rencontrer quelqu'un qui soit à l'opposé de moi, et j'accepterais d'écrire avec lui même si je le trouve infréquentable !

Le lendemain, je lui présente Étienne Roda-Gil, un des paroliers de Julien Clerc, consciente du risque que je prends. La rencontre autour d'un déjeuner est surréaliste. On atteint les sommets quand Claude tente de lui expliquer qui il est vraiment.

Dans la foulée, Étienne écrit pour lui *Alexandrie Alexandra*. J'assiste à l'enregistrement. Claude vient vers moi, très énervé.

— Tu trouves ça normal que je ne comprenne pas un traître mot aux paroles de cette chanson ?

Je sens l'attaque et la mauvaise foi qui va suivre (« tes copains », etc.). Je botte en touche :

— Ça n'est peut-être pas un mauvais signe, tu sais bien, aux innocents les mains pleines…

— Arrête avec tes superstitions à la noix et tes citations de bazar, lance-t-il avant de s'engouffrer dans le studio pour une dernière prise.

Peu de temps après, je rencontre Jean-Pierre Castaldi, un comédien qui vient de tourner un feuilleton télé fleuve intitulé *Madame Rose*, devenant le camionneur le plus connu du moment. Dans la rue, les gens se précipitent sur lui pour savoir comment l'histoire va se terminer. Avec Jean-Pierre, je retrouve une famille. Il y a le fils, Benjamin, l'ex-femme, Catherine Allégret, les grands-parents, Signoret et Montand, et les week-ends à Auteuil, où tout le monde se réunit pour refaire le monde avec d'autres, Bernard Kouchner, Costa-Gavras, etc.

Jean-Pierre me présente à tous ses copains. Outre Francis Huster, que je connais déjà, je rencontre Jacques Villeret et Bernard Lecoq. Il me vient l'idée d'une émission qui aurait du sens. Je suis probablement influencée par les conversations de tous ces théâtreux qui s'éternisent au Sherwood jusqu'à 5 heures du matin. Et c'est avec les accents de Maria Casarès dans *Phèdre* que j'arrive à convaincre Antenne 2 de m'en commander six numéros.

Je la baptise pompeusement « Exclusif ». Dans ma tête, c'est une sorte de ballade lyrique au cœur des disciplines artistiques. Dans mon envol, je demande à Jean-Claude Dauphin et à Bernard Lecoq d'en être les troubadours. Par amitié, ils acceptent, mais se rendent très vite compte que les textes que j'écris ne sont pas de grands rôles mais de simples enchaînements entre les séquences. Ils me lâchent deux jours avant l'enregistrement de la troisième émission. Je suis catastrophée et le choc me rend apparemment inconsciente, puisque je prends la décision de présenter moi-même les quatre dernières pour honorer le contrat avec la chaîne. Je me rassure en me disant qu'au moins, la partie magazine est intéressante puisque, grâce à mes amis chanteurs et les copains comédiens de Jean-Pierre, j'arrive à présenter pas mal de chansons inédites et d'avant-premières de spectacles. Alors, je me lance dans ma carrière de présentatrice… et je déteste ça !

Je ne suis pas la seule. Jean-Michel Gravier, un jeune journaliste devenu la coqueluche et la hantise du Tout-Paris en écrivant un billet d'humeur quotidien au *Matin de Paris*, vient de m'égratigner grave. C'est à hurler de rire et ça me déprime complètement.

Je suis tellement abattue que j'accepte de suivre Jean-Pierre en Tunisie où il est invité avec beaucoup d'autres à l'inauguration d'un hôtel à Zarzis, dans le sud du pays.

Alors que nous marchons sur la plage, je sens mon collier se détacher et tomber à mes pieds sur le sable. Ce collier n'a jamais quitté mon cou depuis le jour de mon mariage. C'était un cadeau de Claude François qui lui avait fait dire plus tard, un brin vulgaire : « L'homme est parti mais le collier est resté… »

Je me penche pour le ramasser et je me sens mal :

— Il est arrivé quelque chose à Claude. Vite, un téléphone.

Pas facile, en plein désert. À dos de chameau, je rallie un poste de garde et je m'empare du téléphone mural.

J'appelle d'abord le Moulin, Chouffa (la mère de Claude) doit être en cuisine. La sonnerie s'éternise. J'essaie l'appartement, boulevard Exelmans. Marie-Thérèse, l'attachée de presse, décroche et, avant que je puisse dire quoi que ce soit, elle attaque :

— Comment tu sais ? me dit-elle en pleurs.

— Comment je sais quoi ?

— Il était dans son bain, Drucker avait déjà appelé trois fois mais, tu sais bien, il est tout le temps en retard… (Elle sanglote.) Et tout à coup, il a voulu ajuster l'ampoule de l'applique au-dessus de la baignoire et il est resté accroché dans des hurlements terribles. Les pompiers sont arrivés, ils n'ont jamais pu le réanimer. Il va falloir que j'appelle tout le monde. Où es-tu ? Viens vite !

Nous fonçons à l'aéroport de Djerba. Jean-Pierre et sa gueule connue me permettent d'attraper le premier avion pour Paris. Mon dernier rendez-vous avec Claude est silencieux et triste. Il repose dans sa chambre sur le lit anglais en acajou.

Quinze ans de dialogue interrompus brutalement, et des souvenirs pleins mon chagrin. J'aimerais l'entendre encore : « Arrête avec tes superstitions à la noix ! » et je nous vois dans la cuisine du Moulin vider avec désespoir un jéroboam de châteauneuf-du-pape de 1929 qui n'avait pas survécu à sa vieillesse. La lie coulait dans l'évier, maronnasse.

À l'heure où les SMS n'existaient pas, je recevais ma lettre quotidienne. Son écriture était grande, élégante, et remplie d'espoir, à une époque où je n'en avais pas beaucoup. Et les nombreux mariages d'Hubert Wayaffe, auxquels nous assistions consciencieusement, pariant sur la durée de chacun ! Et tant d'autres moments que nous ne vivrions plus jamais.

Pour moi, la vie continue à la télévision. J'ai deux grandes amies à Antenne 2 : Liliane Bordoni et Agnès Vincent. Je les aime beaucoup. Elles m'épatent d'autant plus qu'elles participent au Relais des gazelles, un rallye automobile en plein désert marocain, alors que je ne sais même pas conduire.

Liliane, coproductrice du « Grand Échiquier », et moi arrivons à convaincre Jacques Chancel de l'utilité d'une émission quotidienne d'été, avant le journal de 20 heures. Chaque soir, un jeune Rastignac de province écrirait une lettre à sa mère pour lui raconter ses rencontres dans la capitale.

— L'idée est bonne, nous dit Chancel, mais vous avez intérêt à trouver un jeune homme qui écrive drôle.

— Et pourquoi pas Gravier ? ironise Liliane.

N'empêche qu'elle a raison, tant pis pour mon ego.

Tout l'été, il se balade à Solex et en poèmes féroces sur l'antenne.

En août, Agnès et moi partons passer quelques jours à Cargèse. Jean-Pierre Castaldi et son fils Benjamin nous accompagnent. Catherine Allégret et son nouveau fiancé nous rejoignent. Pour fêter la réunion de la famille Canard Boiteux (appellation donnée par Simone Signoret), Jean-Pierre loue un hors-bord hyperclinquant. Jean-Loup Dabadie habite une maison voisine avec ses deux fils et tout le monde est très content de se retrouver. Un matin, tandis que nous nous prélassons sur la plage, Jean-Pierre emmène les garçons faire un tour en bateau.

Le bateau frime à une vitesse folle et, tout à coup, se retourne dans un looping de cauchemar… Silence de mort, puis cri désespéré de Catherine. Jean-Loup Dabadie est plus pâle que le sable. Moi, j'ai les jambes coupées. Il me semble que je mets trois jours à atteindre le téléphone de la plage. Les secours s'élancent enfin et reviennent au bout de minutes interminables avec les trois garçons sains et saufs, et un Jean-Pierre muet d'émotion et de honte. L'après-midi, Catherine et moi le passons à l'église grecque de Cargèse en essayant de retrouver dans nos mémoires un semblant de prière pour remercier tous les dieux du ciel !

À la rentrée, Montand décide de remonter sur scène, histoire de montrer à son petit-fils, qui n'a connu son grand-père qu'au cinéma, qu'il est aussi chanteur. Le show est époustouflant. Montand nous donne nos lettres de noblesse, à Catherine et moi, en nous confiant la production télévisuelle du concert de l'Olympia.

C'est une période classieuse pour moi, d'autant que j'enchaîne avec la semaine du cinéma au Brésil. L'événement est organisé par Antenne 2. L'initiateur, Jean-Gabriel Albicocco, que j'ai connu quand il tournait *Le Grand Meaulnes*, est un ami de Bertrand. Je ne l'avais jamais revu. C'est avec un brin d'émotion que nous tombons dans les bras l'un de l'autre. Mais je n'ai pas trop le temps de m'attendrir, je ne suis pas venue seule. Maxime Le Forestier et Véronique Sanson m'accompagnent, auxquels s'ajoutent sur place Antônio Carlos Jobim, Vinícius de Moraes et Gilberto Gil.

Nous retransmettons en direct de São Paulo ce spectacle bigarré et métissé qui unit nos cultures.

Marcel Julian, le P-DG d'Antenne 2, est très content. J'en profite pour lui demander la permission de faire un crochet par l'Argentine avant de regagner la France. J'ai très envie de revoir ma mère, je suis loin d'elle depuis si longtemps. Permission accordée mais avec les recommandations d'usage :

— Méfie-toi ma belle, les colonels, chez toi, c'est pas des rigolos.

Et il a raison. Il faut dire que la Divine leur donne du fil à retordre : elle héberge chez elle les *montoneros*[2] !

J'arrive à Buenos Aires sans avoir prévenu personne. Je sonne à la porte de la rue Acoyte, j'ai un ruban autour de la tête en guise de paquet-cadeau. La maison est remplie de monde. Folle et exubérante, je trouve que la Divine est la femme la plus extraordinaire que je connaisse. Le soir, un grand *asado* réunit tout le monde. Une tablée de rebelles dont un, en face de moi, qui me plaît bien. Maman voit mon regard, elle se lève, fait le tour de la table en courant et arrive à mon oreille.

— Oublie tout de suite, n'y touche pas. C'est ton oncle, mon demi-frère, ton grand-père a eu deux femmes !

Je ne sais pas si elle m'a tout dit dans l'ordre mais je l'aime, la Divine. Mon estomac se tord quand elle m'avoue que les Argentins lui ont confisqué son passeport français, lui signifiant une fois pour toutes qu'elle a l'obligation d'utiliser son passeport argentin

2. Les *montoneros* étaient les résistants au régime des colonels.

comme tous les citoyens de ce pays. Le fait qu'elle ait été mariée à un Français ne doit pas lui faire oublier sa nationalité !

J'en frémis d'horreur. Ça veut dire qu'en cas de problème, les autorités françaises ne pourront pas intervenir ni même être prévenues.

Je rentre en France la mort dans l'âme. Mes amis me trouvent triste et changée. Je deviens complètement paranoïaque, je vois des espions partout et je ne parle de la situation de ma mère à personne. Je stupéfie Simone Signoret en lui demandant de venir faire une émission de télé en Argentine.

— Tu es folle ou quoi ?

J'insiste. Qui mieux qu'elle peut dénoncer une dictature pareille ? Sa notoriété est telle qu'elle pourra s'exprimer librement en exigeant que l'interview soit faite en direct, ce qui empêchera toute censure.

— Non, Marie-France, je n'irai pas chez les fachos, tranche-t-elle.

Elle a raison sur le fond, mais j'essaie encore.

— Un gouvernement peut être pourri, et le peuple pas...

— Oui, mais il est soumis et ça suffit.

Je ne dirai plus rien, je ne veux pas faire de ma mère une héroïne et une martyre là-bas !

Côté boulot, ça va. Le « Collaro Show » est un gros succès et chaque semaine, nous invitons une star à se prêter aux jeux décapants des marionnettes.

Un chanteur espagnol, ancien gardien de but du Real de Madrid, est devenu en quelques mois l'idole des filles de la planète. Sa chanson *Manuela* les met en pâmoison. J'ai rencontré Julio Iglesias deux ou trois fois déjà au moment où je l'invite à l'émission. Il m'appelle la « Roja » (la rouge), à cause de mon amitié pour Joan Manuel Serrat, poète et chanteur catalan, qui est l'idole absolue de tous les jeunes Sud-Américains opposés aux régimes militaires.

Iglesias arrive au studio tout sourire.

— Tiens, je vais bientôt aller chanter dans ton pays. Je suis invité par le gouvernement et je vais remplir les plus grands stades de foot : Boca Junior, Independiente. C'était quoi, ton club ?

Je murmure :

— San Lorenzo.

J'ai presque les larmes aux yeux.

Tout à coup, je décide de me confier à cet homme que je connais à peine alors que je ne l'ai pas fait avec la femme que j'admire le plus, Simone Signoret. J'éprouve le besoin de parler en espagnol et je murmure :

— Je suis très angoissée. Ma mère est en Argentine et j'ai peur des colonels.

Il va à l'essentiel :

— Elle peut avoir des ennuis ?

— Oui...

— Je m'en charge. J'ai besoin de son numéro de téléphone et de son adresse. Et je veux aussi une dernière chose : que tu ne t'inquiètes plus !

Il fait son show avec Kermitterrand la grenouille. Il est déguisé en Zorro et nous rions beaucoup.

Quelques jours plus tard, il arrive à Buenos Aires et donne une conférence de presse. Ma mère est assise à ses côtés. Il ne dit pas son nom mais justifie sa présence :

— C’est une grande amie argentine et j’aurai le plaisir de l’avoir près de moi pendant toute la durée de mon séjour.

Il ira même jusqu’à exiger des autorités qu’elle reparte avec lui en Europe.

Et c’est comme ça que Julio est devenu mon héros, mon Zorro.

8

LA RADIO À NOUVEAU

Un après-midi, à Paris, le téléphone sonne :

— Allô, c'est Michèle !

Michèle Cotta, je l'ai connue à Europe quand, du haut de mes dix-neuf ans, pour la défendre, j'avais osé braver l'ogre Gorini, le rédacteur en chef qui lui faisait porter un Nagra de 15 kg alors qu'elle était enceinte de sept mois !

— Qu'est-ce que tu fais, ma belle ? Si tu as deux minutes, passe me voir quai Kennedy.

Michèle vient d'être nommée P-DG de Radio France. Son bureau est phénoménal, il domine la Seine.

— Bon, en gros, je dirige France Inter, France Culture, France Musique, RFI, qui sont toutes des radios bien identifiées. Il existait avant que j'arrive une fréquence qui ne dépasse pas la région parisienne et qui est censée s'adresser aux jeunes. Une radio a été créée, elle navigue à vue, sans gouvernail. Je te la confie. Je pense que tu peux en faire un lieu de fantaisie, de folie si tu veux.

Elle ne me demande même pas si je suis d'accord.

— L'antenne s'appelle Radio 7, garde-le, c'est un joli nom.

Je n'ai que deux jours pour écouter ladite radio avant de m'y investir.

Pour la capter, il ne faut pas sortir de Paris, les ondes ne vont pas au-delà d'Issy-les-Moulineaux ! Tous les animateurs ont des noms de bande dessinée : Smith et Wesson, Rocky Chigolles, la Castafiore… Chacun défend ses propres goûts musicaux avec la rigueur des gardiens du temple, ce qui donne une antenne assez hétéroclite où deux heures de country sont suivies de deux heures de hard-rock auxquelles s'enchaînent non sans mal deux heures de blues.

Je repense à ce que Lucien Morisse disait :

— Quand on allume une radio, on doit toujours savoir où l'on est, par le ton, par l'ambiance et la signalétique.

Y a du boulot !

Je suis accueillie assez fraîchement par les animateurs qui, pour une fois, sont tous d'accord sur un point : ils ne vont pas laisser cette nana fourrer son nez dans leur programmation ! D'emblée, je mets les pieds dans le plat :

— On va essayer de faire une radio ensemble…

N'attachant aucune importance à leurs mines mi-renfrognées mi-méprisantes, je poursuis :

— Ça tombe bien, parce que moi, la radio, j'adore ça !

L'ambiance est morne, je tente une ouverture :

— Il ne s'agit pas de bousiller votre programmation mais plutôt d'identifier l'antenne. On pourrait par exemple choisir chaque semaine vingt disques, défendus par vous tous et qui donneraient la couleur musicale de Radio 7.

Ils me regardent d'un drôle d'air. Ils n'ont jamais dû se réunir pour parler musique puisque, en la matière, ils ne sont d'accord sur rien. J'enfonce le clou :

— Dans ces vingt disques, la moitié sera composée de chanson française. On doit découvrir et lancer les chanteurs de demain, c'est la seule façon de donner une crédibilité à notre radio.

Assez contente de mon laïus, je les emmène tous déjeuner. La playlist se met en place beaucoup plus vite que je ne l'avais imaginé.

Les réunions duraient des heures pour tomber d'accord sur les vingt disques qui seraient matraqués à l'antenne chaque semaine sans perturber les spécificités de chacun, mais l'ambiance était joyeuse, et nous eûmes la chance de voir naître Goldman, Jean-Louis Aubert, Cabrel et les Rita Mitsouko. Les maisons de disques s'intéressèrent à nous, nous considérant comme une bonne plateforme de lancement.

Reprenant les idées apprises à Europe 1, j'avais remplacé le carillon ponctuant le temps par les voix d'Adjani et de Depardieu qui donnaient l'heure. L'enregistrement avait duré dix minutes pour chacun, et ça conférait à Radio 7 un carillon magique qui se propagea de bouche à oreille et nous apporta l'élan nécessaire pour nous associer à pas mal de manifestations artistiques : concerts, avant-premières de films, etc. Nous en faisions la promotion à l'antenne et notre logo se retrouvait « en gros » au bas de nombreuses affiches.

Nous étions tellement fiers que nous organisions parfois un cortège de nos voitures qui descendaient les Champs-Élysées pour faire admirer les 4 x 4 griffés « Radio 7 ».

La promotion de ces événements ne s'arrêtait pas à la diffusion de jingles bien foutus : Michèle Halberstadt, alias la Castafiore, se révéla être une formidable journaliste. À son micro se succédèrent, outre son amie Isabelle Adjani, tous les plus grands. Je la trouvais tellement géniale que je nous fis inviter au festival de Cannes.

Nous occupions à l'hôtel Splendid une chambre à deux lits avec vue sur la mer, que nous transformions chaque matin en un studio de fortune apte à recevoir tous les monstres du cinéma mondial.

Dans la foulée, ne doutant de rien, nous installâmes l'antenne sur les courts de Roland-Garros, inaugurant, sans le savoir, les premiers pas médiatiques du tournoi. Nous étions en pleine guerre des Malouines et Guillermo Vilas, mon compatriote, venait deux fois par jour au studio consulter les dépêches de l'AFP que je lui traduisais. Nous devînmes ainsi des amis d'infortune et il m'amena tous ses copains qui, entre deux matches, se transformaient en disc-jockeys, programmant les disques qu'ils aimaient. Ils s'appelaient Wilander, McEnroe, Lendl et Noah.

Tous ces événements donnaient à l'antenne et à l'équipe un punch incroyable. Ils étaient vraiment bons, et je multipliais les sorties pour leur faire oublier l'exiguïté du studio. Gérard Brémond venait de créer la station de ski d'Avoriaz, il invita Radio 7 à émettre depuis les pistes pendant tout un week-end. Pour répondre dignement à l'invitation, et oubliant totalement que nos ondes d'écoute ne dépassaient pas Issy-les-Moulineaux, Serge Gainsbourg, toujours fidèle, vint avec nous, à la grande joie de tous les journalistes du coin. Nous emmenâmes aussi Jean-Jacques, le leader du groupe Taï Phong, dont le disque figurait dans la playlist de Radio 7.

Au retour, dans le train, Gainsbourg, généreux, a entraîné toute l'équipe au bar. Pendant que je me demande dans quel état je vais les retrouver, j'observe le jeune membre de Taï Phong assis en face de moi :

— Tu t'appelles Jean-Jacques comment ?

— Jean-Jacques Goldman.

Je le regarde et j'ai un flash. Pierre Goldman, je l'ai rencontré chez Simone Signoret avant sa mort.

— Tu es le frère de Pierrot.

— Oui.

— Pourquoi tu n'en parles jamais… ? Il faudrait que tu lui fasses un signe.

Son premier album solo est disque d'or dès sa sortie avec *Il suffira d'un signe* en tube. Au dos de sa pochette, quelques mots : « À MFB, un soir, un train. »

Un autre soir, un peu plus tard, un journaliste de RFI m'emmène dans une boîte démente, rue Saint-Denis, interdite aux Blancs. Il trompe la vigilance du videur pour me permettre de dévaler l'escalier jusqu'à une cave enfumée. Je distingue à peine la cage du DJ lorsqu'il me rejoint.

— Regarde bien ce mec, me dit-il en me montrant un grand Black qui s'agite derrière la vitre, il est génial.

C'est la première fois que je vois un type qui chante ses enchaînements. Non, il ne les chante pas, il les scande en rythme. Ses mots, ses paroles, ses slogans sont drôles et percutants. Je suis absolument abasourdie. À la pause, il quitte sa cage de verre pour rejoindre une fille au bar. J'en profite pour me faufiler discrètement jusqu'à ses platines. J'y pose une carte de visite assez pompeuse puisqu'elle indique ma fonction à Radio 7 et le numéro où on peut me joindre. La session reprend, il triture les disques dans un va-et-vient d'enfer. Les commentaires suivent, forts dans le micro.

> « *Je cherche une nana, yeah.*
> *Elle m'a laissé une carte, elle veut m'épater...*
> *Je pense pas qu'elle soit cool...*
> *Je crains plutôt un sac d'embrouilles...* »

Et c'est comme ça que je fais la connaissance de Sidney, et du rap par la même occasion !

Il me raconte qu'il n'a rien inventé, il se fait simplement l'écho d'un courant musical qui vient des quartiers difficiles de New York.

Réunion très courte à Radio 7 pour décider, à l'unanimité, que ce style de musique a toute sa place à l'antenne et que Sidney en est le messager.

L'émission a très vite du succès, mais il ne dépasse pas les frontières de Paris. L'émetteur est d'autant plus pitoyable que nous nous faisons brouiller par NRJ, une nouvelle radio hyper « shampoing », aux dires de mes animateurs. NRJ devient l'ennemi. Le danger est réel, nous sommes en train de gagner en notoriété mais une autre nous grignote en « énergie ».

Je fais le siège du directeur des radios régionales de Radio France, dont je dépends, qui me conseille la prudence. N'en pouvant plus, je frappe à la porte de la présidence. Ce qui agace Michèle Cotta au plus haut point.

— On ne t'a jamais demandé de faire la meilleure audience du PAF ! Et si tu n'es pas contente, tu n'as qu'à aller voir ton copain Fillioud au ministère. C'est lui qui s'occupe des fréquences.

Elle le dit sur le ton de la plaisanterie, mais c'est mal me connaître.

Georges Fillioud, je l'ai connu à Europe. Le jour de mon arrivée, je traversais la rédaction pour rejoindre le studio quand je fus confrontée à une bagarre phénoménale entre lui et Georges Leroy. Le motif, je ne le connus jamais, mais j'ai encore le souvenir des chaises qui valsaient. Fillioud eut le dessus et se releva avec panache, réajustant son nœud papillon rouge. Il est maintenant au gouvernement, ministre des Techniques de communication.

Au lieu de téléphoner pour prendre rendez-vous, je tente le coup d'éclat : je m'enchaîne aux grilles du ministère et j'attends qu'on vienne me chercher. La directrice de la communication du ministre est dépêchée sur place au plus vite avant que les choses ne tournent au vinaigre.

— Vous allez bien ?

Sa voix est douce, même si la situation est bizarre. Je lui explique pourquoi je suis là.

— Je comprends votre combat, mais qui va vous entendre ? Élevez le débat et on vous écoutera.

Elle a raison, cette fille, même si son discours est éminemment politique.

— Je m'appelle Nicole Covillers, je suis sûre qu'on se reverra bientôt. C'est la première fois que je rencontre quelqu'un qui a ses émetteurs en étendard !

Je n'ai pas totalement cessé de faire de la télévision. Michèle Cotta m'ayant donné son accord pour des actions ponctuelles pouvant contribuer à la notoriété de Radio 7, nous avons coproduit avec « Les Enfants du rock » un spécial « Roxy Music » où Bryan Ferry se balade avec délice dans les abattoirs de La Villette. J'ai enchaîné avec un spécial Pat Benatar, réalisé par le grand reporter à la mode, celui qui vient de faire les sulfureux trottoirs de Manille : Jean-Pierre Moscardo.

Le tournage est très rock & roll entre lui, le baroudeur, et moi, la saltimbanque. L'équipe technique nous appelle « Burton-Taylor », tant c'est agité. Le résultat : un 26 minutes qui obtient un prix et qui me donne l'envie de continuer à l'épater.

C'est Nicole, la communicante de Fillioud, qui va m'en donner l'occasion. Elle m'a piquée au vif en m'encourageant à devenir crédible.

À l'époque, j'ai une rédaction réduite au minimum qui me permet seulement des flashs horaires au ton décalé. Je prends la décision d'étoffer l'information à Radio 7, au risque de m'attirer les foudres de la direction.

J'engage une rédactrice en chef : Eva Bettan, véritable investigatrice, disciple de l'école anglo-saxonne. En épluchant des revues médicales, elle découvre les bruits qui courent sur un nouveau virus aux États-Unis. Le HIV fait des ravages dans la communauté homosexuelle américaine. En poussant ses recherches, elle découvre que c'est un scientifique français qui a isolé le virus à l'institut Pasteur. Personne n'en parle à Paris. Nous tenons un scoop. J'appelle Nicole, la fille du ministère.

— Vous avez raison. Je crois que nous allons devenir crédibles. Nous avons une information que les autres n'ont pas et qui vaudrait qu'on s'associe à une grande chaîne de télé.

Sans hésiter, elle me présente à Jean-Pierre Guérin, directeur de l'information à TF1. Je lui raconte mon histoire et j'insiste sur le fait que je veux une coproduction TF1-Radio 7.

— Quel sera votre apport dans la coproduction ? demande-t-il.

— Eva et moi, et toutes nos investigations, à la condition que Radio 7 apparaisse en gros au générique et que vous fournissiez l'équipe technique, les billets d'avion et les hébergements.

— Banco, dit Guérin. Si c'est bon, ça passera à « 7 sur 7 ».

Dans l'avion pour les États-Unis, nous tombons sur le docteur Jacques Leibowitch, il transporte des souches du virus isolées par le professeur Montagné et destinées au professeur Gallo, à Washington. Vaguement gêné, il nous promet qu'il peut nous faire rencontrer le professeur si nous le souhaitons.

À New York, c'est un vrai choc. Nous filmons les débuts d'une épidémie. Nous visitons plusieurs hôpitaux et voyons partout les mêmes choses : sarcome de Kaposi et perfusions. Nous découvrons les *backrooms* des boîtes de nuit et l'extrême solidarité. Un mélange qui nous met K-O.

Nous sommes descendues à l'hôtel Mayflower, le rendez-vous des journalistes du monde entier. Nous y retrouvons Jean-Pierre Moscardo, qui frime sur un prétendu scoop de trafic d'armes. En nous voyant, il éclate de rire.

— Qu'est-ce que vous faites là, les filles ? C'est pas un bac à sable, ici… On travaille…

Il arrête de rire assez vite parce qu'il comprend que moi, saltimbanque, je viens de mettre le nez dans un grave problème de société dont on n'a pas fini de parler.

La diffusion du reportage à « 7 sur 7 » fait l'effet d'une bombe. Elle consacre la rédaction de Radio 7 et nous fait connaître au-delà de tous mes rêves.

Malgré ce succès, le ministère ne peut pas grand-chose pour nos émetteurs. Il faudrait prendre ceux de l'armée, mais je ne vois pas qui pourrait me les donner ! Je préfère l'utopie, et nous formons dans une inconscience totale un clan qui s'agrandit tous les jours.

Jean-Michel Gravier, bluffé par nos actes gratuits, nous rejoint, et sa voix impossible et ses mots imparables font mouche à l'antenne.

Tout va bien, la vie est belle.

Un matin, je reçois une convocation de Michèle Cotta pour l'après-midi même.

Il s'agit de son pot d'adieu. Au cours du meeting, elle annonce à tous ses directeurs d'antenne qu'elle vient d'être nommée P-DG de la Haute Autorité et que, par la même occasion, elle va quitter ses fonctions chez Radio France. Tout le monde a l'air au courant et la félicite chaleureusement. Je suis la seule hébétée à ne rien savoir.

Hervé Bourges, le patron de RFI, s'approche de moi, une coupe de champagne à la main.

— Je sais déjà que je vais être nommé à la tête de TF1. Ça vous dirait de venir travailler avec moi ? J'ai pensé à vous pour diriger les variétés.

Décidément, c'est une drôle de journée…

9

BRANLE-BAS DE COMBAT !

J'arrive à TF1 en loucedé. Je ne veux pas être la parachutée du patron. Pascal Josèphe, son bras droit, me conseille d'aller faire un tour du côté de la programmation.

— Tu comprends, ces gens-là choisissent des émissions fabriquées par nos prédécesseurs. À nous d'en créer des meilleures.

La directrice de la programmation s'appelle Pascale Toussaint. Elle ressemble à un modèle de Kees van Dongen. Elle fume la pipe, et d'emblée je la trouve sympathique et compétente.

— Tu as l'air assez drôle, dit-elle, mais mon pragmatisme m'empêchera toujours de trouver tes nouvelles idées bonnes si elles ne le sont pas.

C'est quoi, une bonne idée ?

J'ai la trouille, tout à coup.

La peur du point de mire, qui ne me quittera jamais plus.

Je suis coincée entre la volonté d'Hervé Bourges de tout changer en douceur et la curiosité des journalistes, qui sont en embuscade sur les effets d'annonce de la nouvelle équipe.

— Trouvez-nous un filet de fumée blanche qui fera parler pendant que nous travaillons à l'élaboration d'une nouvelle ligne éditoriale des programmes, ordonne le P-DG.

Je pense à Sidney, le smurfeur. Nous l'avons fait connaître sur Radio 7, mais d'une façon confidentielle. Comment mettre en image sa folie et sa générosité spontanée ? Laurence Touitou, jeune architecte branchée, rentre de New York, et elle me raconte l'incroyable succès du *Planet Rock* de Brooklyn, conduit par Afrika Bambaataa. Elle me donne l'envie de tenter l'aventure en France. « HIP HOP » s'installe sur TF1 juste après le journal de 13 heures. Et Sidney devient en quelques semaines l'artificier de la culture rap.

C'est le grand frisson des générations réunies à cette heure-là devant la télé, l'engouement de la presse devant le mouvement « des frères et des sœurs » qui s'adresse à toutes les bandes de breakers du XIIIe, du XIVe et du XVe arrondissement, et très rapidement de la France entière. Sidney est entouré de sa troupe de danseurs de hip hop, les Paris City Breakers. Les plus jeunes ont huit ans, ils s'appelleront plus tard MC Solaar et Doc Gyneco.

C'est la folie, d'après *Le Monde*, un véritable phénomène de société. Pour moi, c'est un succès qui me permet de voir venir la rentrée.

Il y a un boulot dingue. Ma plus grosse angoisse, c'est de supprimer des émissions existantes et d'en programmer des nouvelles qui auraient moins de succès.

Le mot d'ordre de Bourges : pas d'états d'âme, on fonce.

Je rencontre Patrick Sébastien, engagé peu avant ma venue, pour faire ce qu'il appelle un « carnaval ».

Ça me plaît, ça me rappelle Rio et la folie sud-américaine. Je le pousse au bout de son idée : le public doit être déguisé. Neptune doit côtoyer Néfertiti comme sur les transatlantiques de mon enfance, quand nous passions la ligne de l'équateur.

L'émission est rigolote. Sébastien, tel Fregoli, passe d'un remake de *Pépé le Moko* à un pastiche d'un chanteur à la mode. Se travestir devient une attitude et même les hommes politiques se transforment, l'espace d'un instant, en chanteurs populaires. Philippe Léotard, en souvenir de son père, entonne *Oh Corse, île d'amour.* Lionel Jospin arrive, intimidé, une bouteille d'eau minérale à la main, qu'il videra en tentant *Les Feuilles mortes.*

Enfin, quand même, je tiens un prime time solide une fois par mois.

Je commence à me rassurer, j'ai moins peur de la mire... quand une visite inopinée me trouble.

Bertrand est là, devant moi. Je ne l'ai pas revu depuis notre dernière rencontre au tribunal. Il arrive sans prévenir dans mon bureau provisoire de TF1, espèce de nomadisme en béton dans l'attente de faire mes preuves. Il est blême, j'ai peur.

— L'agence a été attaquée par Mesrine cet après-midi. Il y a eu des coups de feu, il s'est enfui par les balcons, rue Marbeuf.

Bertrand, héros d'un film noir.

Un an après, il reviendra m'annoncer que Gérard Lebovici vient d'être trouvé mort, assassiné dans un parking de l'avenue Georges-V.

Je suis effondrée, lui aussi. Nous passons un long moment sans rien dire, simplement ensemble.

Mais je suis la première à comprendre que « le roi est mort, vive le roi ».

10

PRIME TIME, SONDAGES ET COTES D'ÉCOUTE

Mon gros souci à TF1, c'est le créneau de 19 h 40.

Tous les soirs sur Antenne 2, à cette heure-là, Philippe Bouvard et son petit théâtre caracolent en tête avec 40 % de part de marché, entraînant dans leur sillage le journal de 20 heures que tout le monde regarde.

Que faire ? La pression du P-DG est forte :

— Creusez-vous un peu les méninges.

À la même heure, sur TF1, une émission insignifiante met en scène des enfants qui jugent des adultes. On a l'impression d'être au cirque, sauf que les caniches savants n'ont que deux pattes.

Collaro m'a suivie mais je ne peux pas l'imposer tous les soirs avec les marionnettes créées par Hanson, le coût de l'émission serait prohibitif.

À la demande des syndicats, des études ont été faites qui prédisent l'insuccès d'une telle entreprise.

J'ai beau insister sur le fait qu'un programme court, même s'il est cher, entraînerait une batterie de pubs avant et après, personne ne m'écoute sauf Hervé Bourges, pas mécontent de malmener l'establishment de la chaîne.

En comité de programmes, il déclare solennellement que, s'il m'a fait venir, c'est avant tout pour innover et que, de toute façon, en cas d'échec, celle qui risque le plus, c'est moi.

Et pour rassurer tout le monde sans décourager mon inconscience, il me donne un délai de un mois, soit une vingtaine d'émissions, pour réussir. Nous nous lançons à fond dans l'aventure du « Cocoricocoboy ».

Après dix jours de diffusion, nous grignotons cinq points d'audience.

J'en profite pour demander trois mois d'essai supplémentaires.

L'équipe de Collaro travaille jour et nuit, et une telle énergie anéantit l'avance de Bouvard.

Désormais, nous nous baladons sur le boulevard du succès, dopant par là même notre journal de 20 heures qui passe en tête.

Bourges ne me lâche pas. Il veut maintenant conforter le 13 heures. Pour le journaliste qu'il n'a pas cessé d'être, l'information, c'est le nerf de la guerre.

À 12 h 30, la chaîne diffuse un jeu insipide au nom pompeux : « À tout cœur ». Le présentateur n'est pas inintéressant. Il me plaît parce que ses dents grattent la moquette. Je commence à lui dire que, peut-être, on pourrait trouver un autre jeu. Il m'interrompt :

— Ça tombe bien, moi, je veux faire du prime time.

Il s'appelle Patrick Sabatier. En nous écartant complètement de l'objectif qui m'était fixé par le P-DG, réorganiser la tranche horaire de la mi-journée, nous commençons à gamberger, lui, moi, et Rémy Grumbach, son complice réalisateur, que je connais maintenant « en vrai » après avoir admiré ses « Dim Dam Dom ».

Nous travaillons chez Rémy. Il habite une vieille usine réaménagée en loft, et ce huis clos me rappelle un film avec Laurent Terzieff qui a marqué mon adolescence : *Les Tricheurs*, avec cette scène mythique du jeu de la vérité. Voilà ce qu'il faut faire, un bombardement de questions à des stars, jusqu'au malaise.

C'est Sabatier qui a l'idée des deux jokers, quand on ne veut plus répondre. Et c'est Rémy qui met en scène la dramaturgie.

Michel Sardou accepte d'essuyer les plâtres, en plein hiver, en direct d'Avoriaz. Le succès est immédiat.

Après, tout s'enchaîne. La presse s'intéresse à nous. Le magazine *Elle* consacre un cahier de dix pages à celles qui n'ont plus peur de la bagarre et à qui tout réussit.

Je me retrouve sur la photo avec Catherine Tasca, directrice du théâtre des Amandiers, Jacqueline Benassayag, secrétaire générale de la SEITA, Puck Simonet, P-DG de l'hôtel Royal Monceau, Myriam Ezratty, directrice de l'administration pénitentiaire, Georgina Dufoix, ministre des Affaires sociales, Brigitte de Gastines, P-DG de SVP, Arlette Decock, P-DG de la griffe Chacok, Juliette Guilhelmino, P-DG de Fauchon, et Christiane Doré, P-DG de Sofinco et La Hénin.

Incroyable ! Et en plus, on nous demande notre avis sur tout. Je suis très premier degré, et je découvre avec stupeur mes propos imprimés comme s'il s'agissait d'une déclaration du gouvernement :

— J'aime mon job, ni l'argent ni le pouvoir ne m'intéressent. Je n'ai pas fait de plan de carrière. Si je suis à cette place aujourd'hui, c'est que j'ai toujours fait un boulot passionnant. Voilà ce qui me motive, et avec ce moteur, rien ne pourra m'arrêter.

Ça a le mérite d'être vrai, mais ça paraît bien naïf et irréaliste par rapport aux déclarations de mes consœurs.

J'aurais dû écouter Mme Ezratty, patronne des prisons, qui affirmait que les clés de la réussite, c'était une bonne organisation et un esprit de synthèse.

Moi, je n'ai rien de tout ça quand il me vient l'idée de confier à Yves Mourousi un nouveau prime time baptisé « Les Vainqueurs », qui met en scène ceux qui ont réussi dans les domaines artistique, culinaire, d'aventure et de société civile.

France Soir titre sur une pleine page : « On verra ce soir les "Vainqueurs" dont Marie-France Brière est la mère spirituelle ! »

Le spirituel a dû me passer par-dessus la tête, car l'émission est un gros bide, et en direct par-dessus le marché. Mourousi est « fatigué », comme on dit en Corse, et moi je laisse courir la catastrophe qui se déroule au Lido, parmi des plumes épuisées et un Coluche qui renonce à sauver le désastre. Pourtant, à la fin de la soirée, alors que l'ambiance est assez tendue, il vient vers moi :

— Ne t'en fais pas ma poule, on ne va plus s'adresser à ceux qui réussissent mais à ceux qui n'ont rien. La télé va enfin servir à quelque chose.

Son idée : s'emparer des surplus alimentaires pour nourrir ceux qui ont faim.

Je me bats pour obtenir un dimanche après-midi entier, comme ceux que j'avais connus lorsque je travaillais avec Jacques Martin, et là, on met le paquet. Aux moyens d'une émission de variétés, on ajoute ceux d'une émission sportive plus ceux d'une émission politique, avec un branle-bas de sécurité bien plus important que pour le duel Fabius-Chirac.

Coluche et moi avons rencontré Jean-Paul Huchon, le patron du Crédit agricole, qui accepte de coordonner l'argent arrivant de toutes parts. Les stars et les politiques se succèdent à l'antenne pour cracher au bassinet.

Coluche est extraordinaire, il rayonne parmi tous ces gens qui, l'espace d'un après-midi, ont oublié de mordre : Baudis sourit à Jospin, qui sourit à Giscard, qui sourit à Rocard.

Tous les animateurs de toutes les chaînes confondues sont là. Jacques Martin vient vers moi :

— Tu as réussi le mariage de Mai 68 et de la « Reine d'un jour » !

N'empêche que les Restos du cœur sont nés cet après-midi-là sur TF1. Ce joyeux bordel est un très bon succès pour moi.

Bourges semble content de l'impact médiatique et même journalistique de l'événement, et tout à coup, je me prends au sérieux : un vrai délire ou la grosse tête, je n'en sais rien.

Pourquoi ne pas mélanger plus souvent saltimbanques et actualité ?

Un magazine cartonne chaque dimanche, il est présenté par Jean-Louis Burgat et s'appelle « 7 sur 7 ». Jean-Louis et moi sommes amis depuis le reportage sur le sida à New York. Je l'appelle pour lui proposer que le témoin de la semaine ne soit pas comme à l'habitude un homme politique. Pourquoi ne pas choisir un auteur, un créateur, un poète, Gainsbourg, quoi ! L'idée le séduit.

— Tu crois qu'il serait d'accord ?

— Je l'appelle, on déjeune demain.

Serge et moi nous retrouvons au Marbeuf et le Russe, comme d'habitude, est brillantissime ! Il me dit qu'il est très content de participer au prochain « 7 sur 7 ».

— Il faut que je réfléchisse, que je prenne des notes pour ne pas dire de conneries.

Gainsbourg et moi avons un point commun, nous ne savons pas conduire et, à la fin du repas, c'est ensemble que nous nous dirigeons vers les Champs-Élysées à la recherche d'un taxi.

Sur le trottoir de droite, rue Marbeuf, il y a un marchand de stylos.

— Je vais acheter de l'encre noire pour mon Montblanc.

Je reste sur le trottoir, le nez collé à la vitrine, contemplant les stylos et surtout de magnifiques Zippo noirs.

Quand il ressort, il a deux paquets identiques à la main, il m'en donne un et garde l'autre.

— Je vous ai vue à travers la vitre, vous avez raison, ils sont magnifiques, un briquet pour vous, l'autre pour moi…

Nos deux taxis nous séparent.

Je ne fume pas mais je garde le Zippo dans mon sac toute la semaine et souvent je le mets dans le creux de ma main, c'est un bel objet. Le samedi suivant, Gainsbourg m'appelle :

— Vous ne voulez pas m'accompagner au studio, demain ? J'ai la trouille…

— Non, Serge, Hervé Bourges va encore me dire qu'une saltimbanque n'a rien à faire sur un plateau politique. Ne vous inquiétez pas, tout va bien se passer, Jean-Louis Burgat est vraiment content de vous recevoir…

Le dimanche soir, j'arrive en retard chez moi après une partie de tarot effrénée chez Agnès Vincent. J'allume la télé, l'image arrive d'abord : le logo de « 7 sur 7 », Jean-Louis et Serge face à face et, sur la table… le Zippo noir. J'ai un mauvais pressentiment et, avant que le son n'arrive, je vois le billet de cinq cents francs s'enflammer en un clin d'œil et se consumer furieusement.

J'ai l'impression que mon cœur va exploser quand le téléphone sonne :

— Vous êtes inconsciente ou quoi ? Je vous interdis de toucher de près ou de loin à une émission politique, voire journalistique. Occupez-vous des « flonflons », un point c'est tout !

Le déclic me bousille les oreilles. Il a raccroché.

Le président Bourges a parlé. Des flonflons, on va en faire. Mais pas comme tout le monde ; les émissions installées marchent bien, celles de Collaro, Sébastien, Sabatier, elles accueillent toutes des artistes invités, donc obligés de chanter leurs chansons et celles des autres. Et pour les apprentis stars, j'ai demandé à Léon Zitrone de présenter « Les habits du dimanche ». Il découvre ainsi les chanteurs, comédiens, mannequins, danseurs des prochaines années.

Je propose aux Carpentier d'aller faire une émission spéciale chez Julio Iglesias à Miami.

L'Hidalgo est installé aux États-Unis depuis un an. Gilbert et Maritie partent quelques jours avant moi parce que j'ai quelques obligations, comme un jeu de la vérité avec Gainsbourg qui, pour se faire pardonner, remettra un chèque de cinq mille francs aux Restos du cœur, dix fois plus que le billet brûlé à « 7 sur 7 »…

11

VOYAGE AU BOUT DE L'ENFER

Encore libre de faire ce que je veux mais à condition que ça marche, je ne suis pas très en forme. Finalement, je me retrouve avec des tas de responsabilités sur le dos et une pression d'enfer. Mais aussi des moments agréables, comme les retrouvailles avec les Carpentier à Miami. Dans l'avion, je traverse la carlingue jusqu'au bout et m'assieds dans un siège désespérément étroit, je boucle ma ceinture et reprends mon souffle, le passeport encore à la main.

Un steward m'apporte une coupe de champagne.

Il est tôt. J'en demande une autre et, en attendant, je feuillette bêtement mon passeport. Ce qui me frappe ce matin-là, c'est que je porte encore le nom de mon mari après tant d'années. C'est ridicule. Mon nom, c'est Brière, c'est celui avec lequel je me suis battue, celui avec lequel je me suis fait connaître. Rageusement, je raye les particules que je ne porte plus et, par la même occasion, je me rajeunis de quatre ans !

J'ai un blues terrible. J'aimerais qu'on me cajole.

Je bois la seconde coupe, je range le passeport dans mon sac, et je m'endors.

L'arrivée à New York se passe normalement, jusqu'au contrôle de police.

— *Passport, please.*

Je le tends. Il l'ouvre, le regarde, me regarde :

— *What is your name ?*

— Brière.

— Non, c'est un autre nom qui est inscrit… ou qui a été rayé !

Là, je commence à réaliser la connerie d'orgueil que j'ai faite dans un pays où on ne peut emporter ni camembert ni cactus.

— Suivez-moi…

J'arrive dans un bureau d'interrogatoire et il commence, musclé.

Un homme me pointe une lampe puissante dans la figure et me pose inlassablement les mêmes questions :

— Comment vous appelez-vous ? Pourquoi avez-vous rayé vos premiers noms ?

J'ai l'instinct de balbutier :

— Non, ce ne sont pas les premiers, ils sont venus après.

— Quelle est votre date de naissance ?

Je calcule combien ça fait avec les quatre ans de triche. J'hésite.

— Vous êtes déjà venue aux États-Unis ?

— Oui…

— Bon, on va vérifier.

Il farfouille dans son ordinateur.

— Vous êtes née le 10 août 1942.

Je suis dans de beaux draps !

— Pourquoi avez-vous raturé votre passeport ?

Je farfouille dans mon sac à la recherche d'une carte d'identité que je n'ai jamais eue. La seule chose que je trouve, en dehors de mon passeport argentin que bien sûr je ne montrerai pas, c'est une carte fidélité des Trois Suisses !

— *Send a fax to Paris.*

Oui, c'est ça, il faut envoyer un fax à TF1 pour qu'Hervé Bourges confirme mon identité !

C'est compter sans le décalage horaire. Il fait nuit noire en France. Je me souviens du nom du correspondant de TF1 à New York, Maurice Olivari. Pascal Josèphe, le bras droit de Bourges, m'avait donné son numéro de téléphone, au cas où...

Je suis d'autant plus embêtée que les flics américains m'ont fait louper ma correspondance pour Miami, où les Carpentier et Iglesias m'attendent.

La haine ancestrale des Sud-Américains vis-à-vis des Yankees surgit en moi. Je pense à ma mère qui n'a jamais voulu mettre les pieds à New York à cause de ça.

Olivari arrive une heure plus tard. Il confirme que je dois aller enregistrer une émission à Miami et qu'il se porte garant pour moi. Je serai de retour à New York dans cinq jours.

— Ça tombe bien, me lance un des flics, elle sera jugée vendredi prochain par le tribunal de l'immigration.

— Elle sera présente, insiste Olivari.

Pour plus de sûreté, tous mes bagages sont confisqués. C'est donc ultralégère, et avec six heures de retard, que j'arrive à Miami. Je ne veux pas affoler les Carpentier, si BCBG. Par contre, je raconte tout à Iglesias.

— Ma vieille, si tu te balades à Miami sans papiers, avec en plus une future condamnation sur la tête, tu iras au trou directement ! Pendant la durée du séjour, tu ne bougeras pas, tu habiteras ici !

J'ai l'impression d'être dans une pension de luxe.

Le jour, on tourne l'émission, le soir, il y a de grandes tables sur l'énorme patio qui surplombe le jardin dominant la mer. Le latino est partout. Je ne me souviens pas avoir parlé anglais. Français, une fois, lorsque l'attaché de presse de Julio, Robert Toutan, a eu l'idée de m'emmener au consulat de France tant mon cas de sans-papiers le préoccupe.

Pour l'occasion, Iglesias a fait acheter une jupe plissée grise et un blazer bleu pour me donner un air respectable.

Le consul nous reçoit et écoute mon histoire d'un air distrait.

— Vous savez, mademoiselle, votre cas est assez courant, nous rencontrons dix jeunes femmes par semaine qui nous racontent des histoires invraisemblables pour cacher qu'elles ont en fait vendu leur passeport pour un peu d'argent qui peut éventuellement se transformer en drogue.

Je crois rêver, je trouve ce vieux beau répugnant !

— Viens, Robert, on se casse.

Nous fichons le camp vite fait, accréditant les dires de ce crétin. Tant pis, je finirai le tournage sans papiers, avec obligation de retourner à New York pour le procès.

Maurice Olivari m'attend à l'aéroport La Guardia. Il est assez préoccupé.

— Il faut que tu choisisses un avocat. Voici la liste de ceux qui ont déjà travaillé pour nous et qui parlent français.

— Je préférerais un avocat commis d'office. Je voudrais qu'il soit hispanisant ; et que ce soit une femme !

Le lendemain, elle m'attend dans le hall du tribunal, trente minutes avant l'audience. Elle est belle, elle vient de Puerto Rico.

Entre Latinas, ça devrait aller…

— Racontez-moi ce qui s'est passé, demande-t-elle.

— J'étais dans l'avion, j'ai repensé à tout ce temps où j'ai dû me débrouiller toute seule et travailler dur, et tout à coup je n'ai pas voulu attendre l'expiration de mon passeport, j'ai voulu changer de nom tout de suite, et j'étais tellement flippée que je me suis rajeunie de quatre ans par la même occasion. Donc plus rien ne correspond à rien, ni mon nom ni ma date de naissance ! Y a qu'une nana idiote pour faire ça !

— Moi, je vous comprends, dit-elle. Laissez-moi faire. Ne dites rien pendant l'audience, et si les juges vous demandent des excuses, présentez-les bien humblement, ça voudra dire que nous avons gagné !

À l'issue de l'audience, mon passeport est coupé en deux par un juge solennel à l'aide d'énormes ciseaux et estampillé « *cancelled* ». Je reçois un papier me permettant de rentrer en France et je tombe dans les bras de Juana, l'avocate portoricaine, que je n'oublierai jamais !

De retour à Paris, je fis profil bas, mais Hervé Bourges se montra très affable, d'autant plus que l'émission des Carpentier et de Julio Iglesias à Miami avait très bien marché. Il en rajouta une couche :

— Vous voyez, quand vous faites des variétés, ça va !

Bon, on va en faire, des variétés.

12

DES VARIÉTÉS, MAIS PAS QUE...

Michel Sardou fait un tabac au Palais des Congrès et accepte que son concert soit enregistré, ouvrant ainsi la longue route des événements parrainés par TF1.

J'ai rendez-vous avec lui un après-midi sur la scène de l'amphithéâtre pour mettre définitivement au point l'emplacement des caméras avec le réalisateur. Par erreur, j'arrive avec une heure d'avance, la salle est archipleine d'étudiants d'HEC et, sur l'énorme scène, un allumé donne quelque chose qui doit être un cours mais qui ressemble plutôt à un extraordinaire show sur le thème « comment réussir ». Il est là, incroyablement là. Il arpente la scène, invective la salle, se présente :

— Je m'appelle Bernard Tapie.

Il m'époustoufle par son culot et son talent.

À la fin de la performance, je me précipite en coulisses et tombe sur lui au milieu d'un couloir, il mériterait une loge…

— Je m'appelle Marie-France Brière, voulez-vous faire de la télévision ?

Qu'est-ce qui me prend, je suis devenue folle ou quoi ? Lui ne se pose pas la question.

— Pourquoi pas, mais alors il faut en faire un truc énorme, une machine à broyer les pisse-froid, il faut apprendre aux jeunes que rien n'est jamais impossible.

Je l'écoute, une fois de plus sans réfléchir. Je divague déjà :

— Ça pourrait s'appeler « Ambitions ».

Banco, on a déjà le titre !

Quand j'en parle à Hervé Bourges, il se montre prudent :

— Demandez une audience à la Haute Autorité et allez défendre votre idée...

Y a pas marqué « fusible » sur mon front, et pourtant, j'y vais. L'audition est effrayante. Michèle Cotta n'est plus la présidente, à sa place, Gabriel de Broglie m'apostrophe avec mépris. Je passe deux heures horribles à défendre mon projet sous les quolibets.

Je reviens à TF1 pâle comme un linge.

Hervé Bourges et son bras droit, Pascal Josèphe, m'accueillent dans le bureau présidentiel avec une coupe de champagne.

— Il ne vous a pas interdit de la faire...

— Non...

— Alors on la fait. Si ça tourne mal, je ne vous couvre pas. Après tout, vous avez voulu défendre votre cause seule face à la Haute Autorité ! D'accord ? OK avec ça ?

Le champagne répond pour moi.

La première d'« Ambitions », au Palais omnisports de Bercy, on s'en souvient, avec ce long travelling sur un Bernard Tapie conquérant. Il a choisi son coach : Jacques Séguéla.

Nous avons répété pendant un mois dans les studios de danse de la SFP, où ont été créés tous les ballets d'Arthur Plasschaert. Les grands miroirs nous aident à exploiter au maximum l'énorme présence de Bernard.

J'ai demandé à Laurence Touitou de reprendre pour l'occasion son ancien métier d'architecte et elle a créé un décor en forme de pyramide qui contribue au succès du look de l'émission. Pour le reste, c'est du jamais-vu.

La première émission met en scène, en direct, une jeune fille qui veut créer un élevage de vers de terre. Et pendant 90 minutes, une batterie d'experts et de conseillers va lui prouver qu'elle a raison. Bernard dévale les différents niveaux de la pyramide, invectivant les uns, encourageant les autres.

Résultat des courses : TF1 gagne 37 % de part de marché et, dès le lendemain, la « tapiemania » est lancée.

La deuxième d'« Ambitions » a lieu à Toulouse.

Dominique Baudis, le maire, met à notre disposition le grand Palais des sports. Il faut cacher les nombreuses publicités collées aux murs, service public oblige, et la seule solution que nous trouvons, c'est le tapis noir de chez Borniol[1].

Je suis trop superstitieuse pour ne pas y voir un signe.

Pendant le direct, un assistant vient dans le car technique me signaler qu'il y a un sac en papier suspect qui pourrait être une bombe bien emballée, au premier rang, aux pieds de Dominique Baudis. Je ne dis rien à personne sauf au directeur du Palais des sports, Christian Bîmes, qui préfère aller chercher ledit paquet lui-même plutôt que d'évacuer une salle payante et pleine, la ville ayant décidé, pour combler les frais

1. Compagnie de pompes funèbres.

d'installation, de faire payer une somme symbolique à la population. Quinze mille places sont prises d'assaut. Pas de bombe, fausse alerte, et le direct aidant, personne ne s'est aperçu de rien !

Nous frôlâmes, ce soir-là, les 40 % de part de marché.

Entre-temps s'est installée à l'antenne une émission dominicale présentée par Sacha Distel et intitulée « La belle vie ».

Fort de son expérience du « Sacha Show », il reçoit avec beaucoup de charme ses invités et poursuit le glamour dans des duos jazzy. J'ai confié l'émission à Catherine Barma, avec laquelle j'avais déjà beaucoup travaillé quand elle était scripte de Jean-Louis Cap. Elle voulait devenir productrice et, très vite, elle s'avéra extraordinaire. Elle était compétente et drôle et j'avais une entière confiance en elle. À vrai dire, je l'aimais beaucoup.

Un soir, le téléphone sonne à la maison, c'est Catherine :

— Marie, il est arrivé une catastrophe, Distel vient d'avoir un accident de voiture !

La cata, c'est qu'à la suite de cet accident, Sacha décida d'arrêter l'émission. Il était sorti indemne de l'accident mais Chantal Nobel, qui était avec lui dans la voiture, avait été grièvement blessée.

— Je ne peux pas continuer à présenter une émission qui s'appelle « La belle vie » après un truc pareil !

Comment faire ? Nous approchons du festival de Cannes et tout a été prévu pour que nous nous installions en direct de La Croisette pendant deux dimanches de suite. Philippe Labro accepte à titre exceptionnel de présenter ces deux émissions axées cinéma, mais après ?

La peur d'être en ligne de mire à nouveau. Qui trouver ? Où et comment chercher ? Je ne sais pas pourquoi, je pense à Patrick Poivre d'Arvor. Il présente toutes les fins d'après-midi un magazine sociétal sur la 2, « C'est à vous ». Je lui donne rendez-vous au Bœuf sur le toit le soir même, tout simplement parce que c'est près de chez moi. J'y vais à pied, pas si décontractée que ça. Poivre d'Arvor m'impressionne par son calme et son élégance.

— Vous savez, moi, je suis un journaliste, et vous me proposez un boulot d'animateur…

— Non, j'ai besoin d'un journaliste. Les artistes se confieront plus à un journaliste, surtout s'il a du talent.

Vu comme je pousse, si je me rétame, je suis foutue à tout jamais.

— Vous me donnez envie d'accepter, mais si j'accepte, c'est peut-être une folie…

Eh bien tant mieux, on va appeler ça « À la folie, pas du tout ».

Comment j'ai pu le convaincre, je n'en sais rien, mais je suis drôlement contente !

Bourges est plus circonspect :

— Quelle drôle d'idée, lance-t-il, me mettant une fois de plus en demeure de réussir.

Catherine Barma et Poivre travaillent ensemble et l'émission est formidable.

Ouf, à la demande de Jack Lang, je vais m'occuper de la première Fête de la musique. Le ministre demande toujours plus haut, toujours plus beau !

Je me laisse donc entraîner par Jean-Michel Jarre à la Défense où 300 000 personnes nous rejoignent. Géniale démesure.

En 1985, Jack Lang toujours me présente Julien Dray et Harlem Désir : ils sont porteurs d'un magnifique élan, SOS Racisme.

— Faites-moi un grand show, demande le ministre.

Nous avons alors rassemblé 80 000 personnes pour SOS Racisme. L'apparition de milliers de mains jaunes barrées du slogan « Touche pas à mon pote » lance définitivement le mouvement.

13

LE TEMPS DES CÉRÉMONIES

Étienne Mougeotte, patron de *Télé 7 jours*, m'appelle pour me dire que Georges Cravenne a l'idée d'adapter les Emmy Awards en France. J'avoue mon ignorance, je ne sais pas ce que c'est. Mougeotte m'explique qu'il s'agit de prix décernés aux émissions de télévision, aux animateurs, producteurs, auteurs et réalisateurs dans toutes les catégories de la discipline : fiction, variété, information.

— Moi, en tant que patron de presse TV, ajoute-t-il, je veux m'impliquer à fond dans ce projet, mais je te propose d'aller assister à la cérémonie à Los Angeles pour que tu te rendes compte…

Autant aller vite. J'emmène Rémy Grumbach, le réalisateur de la future émission, et nous embarquons pour L.A. C'est la première fois que je voyage en classe affaires, probablement grâce à Étienne Mougeotte et Georges Cravenne.

Nous assistons aux répétitions du show, et là, je découvre un autre univers. Des doublures remplacent les stars, elles lisent leur texte sur un prompteur géant collé aux cintres, invisible du public, un texte qui semble presque improvisé tant il est bien écrit par une batterie d'auteurs et de *gagmen*.

Dans la salle, un homme en smoking et gants fluo fait la circulation. Côté cour pour les uns, côté jardin pour les autres, le tout est réglé comme du papier à musique pour les stars qui n'auront qu'à répéter les gestes afin de faire croire à un cérémonial d'enfer.

Mais ce qui me surprend le plus, ce sont les grandes photos des invités placées sur chaque siège, qui permettent aux cadreurs d'anticiper les personnes à filmer pour attraper au vol les réactions des nominés et des primés. Le savoir-faire est génial, Rémy Grumbach et moi nous régalons déjà…

En plus, il y a *backstage* toute une organisation qui s'occupe de nourrir et d'abreuver ceux qui travaillent. C'est très nouveau pour nous et j'imagine déjà la réaction de la SFP quand je leur demanderai un tel service. J'en ris d'avance.

La première édition des 7 d'Or, animée par tous les présentateurs de la chaîne, fait un tabac.

Pendant l'été, les émissions s'arrêtent par souci d'économie. Les patrons de chaîne estiment que tout le monde est en vacances, alors que ça n'est pas vrai.

Je demande au Club Med de faire rêver ceux qui ne partent jamais en nous ouvrant les portes de leurs lieux de vacances. Et c'est Sidney, le gosse des banlieues, qui s'y colle. Évidemment, c'est Catherine qui produit. Ça s'appelle « Passeport pour la forme ». On a signé pour sept destinations. La deuxième émission se passe à Marrakech avec, comme invités, Daniel Balavoine et Madonna. Depuis *Starmania*, Balavoine a confiance en moi, et j'ai emmené Madonna en Tunisie quelques années plus tôt pour une émission d'été, quand elle était le joli faire-valoir de l'homme à la canne,

Patrick Hernandez. Nous avions passé deux soirées à Djerba à refaire le monde. Ces deux-là devraient bien s'entendre.

Pourtant, un coup de fil de Catherine en pleine nuit sonne le tocsin :

— Madonna et Daniel Balavoine sont furieux parce que je les ai emmenés dans le désert, dans une Peugeot bâchée, et on est tombés en panne !

— Et alors ?

— Alors, Balavoine a pété les plombs, on s'est presque battus, j'abandonne...

Elle est trop consciencieuse pour vraiment jeter l'éponge mais je décide de l'accompagner dans sa prochaine expédition. Je prends l'avion pour Dakar et découvre avec stupeur que les Sénégalais n'ont pas le droit d'entrer au Club Med, sauf par la porte de service s'ils sont femmes de ménage ou plongeurs en cuisine. Ils me semblent sous-payés et maltraités. Je trouve ça révoltant et je décide de mettre fin à notre collaboration avec ces « faux gentils organisateurs ».

Mon côté rebelle m'entraîne vers un tout autre style, celui de Frédéric Mitterrand. Cela vaut à *Libération* un titre choc et un article qui me mettent encore un peu plus de pression sur le dos : « Le caractère de la Brière ».

> Mme 40 % lance « Acteur studio », la nouvelle émission de Frédéric Mitterrand, qui rejoint ainsi Patrick Sébastien, Patrick Sabatier, Bernard Tapie, Stéphane Collaro et PPDA au sein de l'équipe de celle qui ne se laisse pas cuisiner facilement. Petite voix monocorde à la

modeste arrogance, elle se détourne du magnétophone quand elle n'a pas la main devant la bouche.

Décryptage infernal, aggravé par une intervention sanglante face à mes réponses idiotes.

Libération : Quel effet ça fait d'être Mme 40 % d'audience ?

MFB : On m'a demandé de faire du score, je me suis prise au jeu, et maintenant, je suis condamnée… mais j'aimerais faire des choses où je puisse m'amuser… En fait, Frédéric Mitterrand, je le trouve génial. Avec lui, je vais savoir ce que veut dire culte.

J'enchaîne avec un voyage à Montréal pour assister à la session annuelle de la Confédération des télévisions francophones. Pendant une semaine, les responsables des différentes disciplines télévisuelles (fiction, variétés, magazine, jeunesse) se réunissent. Ils viennent du Canada, de la Belgique, de la Suisse ou de la France. Il s'agit d'élaborer des programmes communs qui permettraient de mettre sur la table plus d'argent pour des émissions qui coûteraient moins cher à chaque pays.

Tout ça, c'est un peu de l'utopie ; nous avons beau parler la même langue, chaque télévision est très différente des autres. En réalité, seules des coproductions bilatérales peuvent faire aboutir les projets. Et pourtant, ces réunions continuent d'avoir lieu dans un pays de la communauté francophone différent chaque année. Un peu comme s'il s'agissait d'une rencontre entre membres d'un club sélect.

Un matin, je m'ennuie ferme alors que la réunion s'achève. Nous sommes dans la salle de conférences d'un hôtel du centre de Montréal. Une télévision est allumée sans le son. Je suis attirée par une roue qui tourne et une vitrine qui ressemble à une page du catalogue des Trois Suisses, ma bible. J'interroge mon voisin, le patron des variétés de la télévision suisse romande :

— C'est quoi, ça ?

— Tu débarques ou quoi ? C'est un jeu qui existe depuis vingt ans aux États-Unis et qui s'appelle « The Wheel of Fortune ».

Je n'en ai jamais entendu parler. Je suis fascinée par l'hystérie des participants qui gagnent des motos, des bateaux, des robes d'un soir, des rêves d'un jour…

— C'est sur quelle chaîne ?

— Sur NBC, c'est une production Grimmitz. Écoute, si vraiment ça t'intéresse, file à Los Angeles…

Il me parle comme à une enfant à qui il faudrait tout expliquer.

— Renseigne-toi avant, ils enregistrent à peu près une fois par mois. Avec un peu de chance…

Je me précipite dans ma chambre pour téléphoner à Pascale, mon assistante, qui me rappelle très vite pour me dire que les producteurs enregistrent dans deux jours dans les studios d'Aberbank, à Hollywood.

— Passez-moi Pascal Josèphe.

J'explique au bras droit d'Hervé Bourges que je viens de trouver le jeu du siècle, que je pars pour Los Angeles rencontrer les producteurs, et qu'il faut qu'il m'envoie mon administrateur des programmes pour signer le contrat avec les Américains, parce que ça va être coton.

Il fait moins vingt degrés quand j'arrive à l'aéroport de Mirabel. Nous restons trois heures dans l'avion avant de pouvoir décoller tant les ailes sont gelées. Il faut les dégeler à grands jets d'eau brûlante qui donnent une atmosphère embuée à tout le paysage.

Les stewards servent des whiskies pour faire patienter tout le monde. C'est à ce moment-là que je remarque mon voisin, un genre de prince arabe tout droit sorti de *Lawrence d'Arabie*. Il est prof de biologie, chercheur, savant et sage, et dans l'euphorie de l'immobilisme, je lève mon verre pour trinquer avec lui, à la sud-américaine, juste avant qu'il ne me dise qu'il est *hadji* !

Allah est grand !

Hamadi et moi sommes devenus plus qu'amis.

14

ACHAT DE DROITS ET BANDIT MANCHOT

Lorsque nous atterrissons à L.A., il fait 30 °C et Jean-Jacques Legouar, mon administrateur, m'attend à la descente de l'avion avec une carte de crédit de la société. Décidément, j'ai dû les convaincre ; j'ai intérêt à ne pas me planter.

Le lendemain matin, nous retrouvons les producteurs américains sur les énormes plateaux d'Aberbank Studios. Dans les coulisses, cinq camemberts gigantesques recouverts de cadeaux à faire rêver la Terre entière.

Les cinq prochaines émissions seront enregistrées dans la journée. L'équipe de production est composée de spécialistes : il y a celui qui s'occupe des questions, celle qui s'occupe des cadeaux, celui qui s'occupe des candidats, celle qui s'occupe des animateurs, chacun son job. Au producteur d'assurer le lien qui tissera les ficelles en conte de fées.

Les négociations avec les Américains sont assez simples. C'est la première fois que des Français acceptent d'acheter un format américain plutôt que d'en faire une pâle imitation. En échange, nous héritons de tous les secrets de fabrication, jusqu'à l'emplacement des caméras. La traduction du titre est facile : « La

Roue de la fortune ». Je m'engage pour cent émissions et un renouvellement de un an si tout va bien. L'administrateur est un peu inquiet, moi j'ai hâte de commencer. Dans l'avion du retour, je réfléchis à l'équipe à mettre en place. Il faut trouver un producteur très organisé, qui accepte d'appliquer les règles très efficaces établies par les Américains sans chercher à franciser ou à « à-peu-prêtiser » le projet.

Tout à coup, j'ai un flash : Nicole Covillers !

Acceptera-t-elle de quitter la politique, son ministère et le Parlement pour faire la saltimbanque ?

Dès mon arrivée, et malgré le décalage horaire, je lui téléphone :

— J'ai trois choses à te dire…

— On dit bonjour, d'abord, ma petite fille…

— OK, tu vas bien ? Moi, j'ai acheté un jeu américain ; je voudrais que tu t'en occupes et il faut qu'il soit à l'antenne dans un mois !

— Trente jours, compatit-elle.

— Oui, tu as raison, trente jours c'est mieux, ça fait trente fois un jour, et en un jour, surtout si on se couche tard, on peut en faire, des choses. Est-ce que tu crois que tu peux y arriver ?

Elle a pile la réponse qu'il faut :

— Je dois être sûre de comprendre le jeu, et qu'il fonctionne.

Elle compose son équipe minutieusement et exige que tous les soirs, chez moi, on joue à « La Roue de la fortune » comme on joue à un jeu de société.

Cela nous permet de tout voir, ce qui marche et ce qui ne fonctionne pas. J'ai encore le souvenir de tous ces préparatifs festifs qui nous amènent droit aux premiers enregistrements.

Les jingles sont composés en direct sur un sampler. Nicole m'a présenté un musicien épatant qui sample le jeu selon sa sensibilité, l'humeur des joueurs et les cadeaux gagnés. Il s'appelle Gérard Pullicino. Pendant les répétitions, il a plein d'idées pour placer les caméras, bien plus que le réalisateur pressenti... Je me dirige vers lui :

— C'est celui qui dit qui fait !

Il deviendra réalisateur. Et très vite, un génial réalisateur. Il va m'accompagner longtemps dans mes folies.

Dès la première diffusion de « La Roue de la fortune », ça tranche énormément. Hervé Bourges est un peu inquiet :

— Le public n'est-il pas trop bruyant ? Les candidats ne sont-ils pas trop exubérants ? La musique n'est-elle pas trop forte ?

— Ça, c'est sûr, ça ne ressemble pas à « Des chiffres et des lettres », mais je crois que le public est content, que les candidats rêvent de gagner, et que la musique est indispensable à la mécanique du jeu.

Au bout d'une semaine, nous avons doublé l'audience de la tranche horaire et la progression est fulgurante. « La Roue de la fortune » + Collaro = 40 % d'audience en plus !

Nous réagissions déjà comme une chaîne privée sans le savoir. Les « Ambitions » se succèdent au fil des mois et suscitent dans la presse des réactions incroyables, du genre premier degré intégral dans *Libération* : « “Ambitions” », c'est le bouquet final. Du grand spectacle, des variétés, des stars, avec un jeune loup qui doit gagner devant les caméras. Magnifique, l'image de l'entrepreneur est maintenant toute dorée. On joue avec l'économie, car c'est un jeu. Merci à la crise de l'avoir appris à tout le monde. »

Quant au « Jeu de la vérité », c'est une réussite foudroyante, jusqu'à ce que Chantal Goya accepte d'y participer en plein milieu de sa tournée à Lyon, où elle se produit depuis deux semaines avec un très grand succès.

Elle arrive déguisée en lapin chasseur, confondant émission de télévision et spectacle féerique.

Elle s'adresse à l'immense salle de plus de 10 000 places, exagérant ses mimiques et ses effets, alors que les caméras, prêtes aux gros plans, restent sur leur faim.

Je la mets en garde par deux fois mais elle ne fait pas attention à moi, tant la salle lui est acquise. Elle oublie que le concept de l'émission, ce sont les questions des téléspectateurs, et que, titre oblige, il faut qu'elles soient directes, voire cruelles. Rien à faire, elle ne les écoute pas. Je vais voir Jean-Jacques Debout en coulisses, vraiment préoccupée par ce direct que je ne peux arrêter. Visiblement, il est ailleurs, il ne m'entend pas.

Et l'irréparable arrive, avec l'intervention d'une institutrice qui cloue Chantal au pilori. Elle lui reproche d'être un exemple débile pour les enfants.

Chantal pète les plombs et insulte l'institutrice. C'est là que je décide de reprendre les choses en main : je demande à Rémy Grumbach de zoomer sur son visage. C'est peut-être sans foi ni loi, mais la télévision, c'est impartial.

À la fin de l'émission, nous dînons ensemble. Jean-Jacques et Chantal sont très contents, ils ne gardent à l'esprit que le succès du lapin chasseur. Nous, nous savons déjà qu'il y aura des dommages collatéraux.

Sur ces entrefaites, Hervé Bourges me convoque. J'ai un peu la trouille qu'il m'engueule pour mon dernier haut fait.

15

GAINSBOURG ET MOI : LA FLAMME !

Gainsbourg vient d'enregistrer *La Marseillaise* sur un tempo reggae, les anciens combattants sont furieux, et j'ai l'idée saugrenue de faire un clip de la chanson.

Ça se passe à l'Arc de triomphe, sur la tombe du soldat inconnu, et je suggère à Gainsbourg d'allumer sa cigarette avec la flamme. Une paille ! Les flics arrivent très vite et nous embarquent au commissariat du VIIIe arrondissement. J'ai juste le temps de donner la cassette à mon assistant.

L'interrogatoire dure trois heures. Les policiers sont moitié agacés, moitié contents de voir Gainsbourg de près. Il est parfait :

— Mais monsieur l'agent, ne vous inquiétez pas, il ne s'est rien passé, vous êtes arrivés à temps, laissez-nous nous en aller.

Une fois libres, nous sommes euphoriques à l'idée de leurs têtes quand ils découvriront le clip à l'antenne. Il doit être en cours de montage, tout va bien.

Nous décidons d'aller faire la tournée des grands-ducs, ou plutôt celle des bars des palaces du quartier : le Georges-V, le Prince de Galles, le Plazza Athénée, et c'est pas mal éméchés que nous marchons jusqu'au Ritz, bras dessus bras dessous.

Derrière le bar, il y a une porte qui donne sur une petite salle de musique, avec un énorme piano à queue et des chaises en velours rouge à barreaux dorés.

Il se met au piano, je m'assieds sur une des chaises pour faire public.

— Je vais vous faire écouter ce que je jouais lorsque j'étais piano-bar chez Régine, à Montparnasse, pour gagner ma croûte... Ah, mais d'abord, il faut que je vous montre quelque chose...

Il s'empare d'une soucoupe qui traîne sur une petite table et sort de sa poche un billet de cent francs qu'il plie en quatre avant de le poser dessus.

— Voilà, on pétait toujours un gros billet pour attirer le chaland, ça mettait la barre à la bonne hauteur, mais on le scotchait pour ne pas se le faire gauler...

Après ces explications préliminaires, histoire de planter le décor, il se met à jouer des mélodies russes à faire pleurer la Terre entière. La porte s'ouvre. Entrent quatre Américaines d'âge mûr aux doigts couverts de gros diamants.

Elles prennent place sur les chaises dorées près de moi. Je suis pétrifiée. Gainsbourg ne s'arrête pas, au contraire, il enchaîne « tziganeries » et mélopées juives... Les quatre dames sont aux anges.

Avant de partir, elles déposent un billet de cent francs chacune dans la soucoupe ! On éclate de rire...

— Argent facile, griserie rapide, conclut-il.

Deux heures plus tard, son agent nous retrouva là, dans un état lamentable. Le problème pour moi, c'est que son agent, c'était Bertrand[1].

1. Bertrand de Labbey.

C'est à tout ça que je pense en me rendant dans le bureau d'Hervé Bourges, d'autant que le clip de Gainsbourg avec la flamme du souvenir en guise de briquet géant est passé le jour même à l'antenne. Mais non, Hervé est de bonne humeur, assez euphorique même, me semble-t-il.

— TF1 marche tellement bien qu'elle va être privatisée...

— Ah bon, je croyais que c'était Antenne 2 qu'ils voulaient privatiser ?

— Non, et c'est formidable, ça veut dire qu'on a réussi, et on va tous se préparer à ce changement. Il y a plusieurs candidats : Lagardère, Bouygues. Nous, on va soutenir Bouygues.

Moi j'aurais bien soutenu Jean-Luc Lagardère, mon premier patron, que j'aime très respectueusement, mais je n'ai pas mon mot à dire.

À partir de là, ça devient la folie furieuse.

16

LA TÊTE À L'ENVERS

D'abord, le magazine *Marie-France* me contacte pour faire un sujet beauté. Je ne demande même pas de quoi il s'agit, j'y vais.

Sept pages avec brigades de maquilleurs et de stylistes. Et ils me font croire que je suis belle, par-dessus le marché !

Je me prête au jeu alors que je déteste les boucles en argent qu'ils m'ont mises aux oreilles et le titre accrocheur de l'article : « Maquillée ou démaquillée (elle ne s'aime que nature), comment la préférez-vous ? »

Et moi, je me prête à ça, alors qu'à seize ans et demi, en 1961, je me baladais en chaussettes Burlington roses et en kilt écossais, la tête pleine de rock & roll ! Je ne me rends même pas compte que je suis en train de basculer dans une médiatisation qui ne m'arrange pas du tout.

Dieu merci, un jeune homme va me remettre les idées en place. Il m'est envoyé par Daniel Filipacchi, il s'appelle Thierry Ardisson. Il me dit qu'il veut faire de la télé, avec une assurance inversement proportionnelle à la quantité de sueur qui perle sur son front et qu'il éponge rageusement avec un mouchoir blanc.

Son vocabulaire incroyablement moderne me plaît, je lui propose une audition.

Je confie à Catherine Barma le soin de l'enregistrer. Elle revient du studio, la mine défaite :

— Attends, Marie, on ne peut rien faire avec ce mec-là.

Je ne réponds pas mais je suis sûre du contraire...

— Si tu ne me crois pas, insiste-t-elle, je te fais voir la cassette, tu vas tomber par terre...

— Avant de tomber, je veux voir.

Moi, il me paraît très bien, poings fermés, idées ouvertes, intelligent, quoi ! Je le dis à Catherine, elle est effondrée.

Lui, voyant que j'adhère, me propose l'impossible :

— J'aimerais faire une émission qui s'appellerait « Descente de police » et qui répondrait aux questions qu'on n'ose jamais poser.

Évidemment, ça me plaît, mais Hervé Bourges n'est pas du tout d'accord.

— Ce n'est pas le moment de faire des vagues, nous allons être privatisés.

Décidément, ça risque de ne pas être drôle avec les nouveaux patrons, surtout si Bourges a l'intention de capituler comme ça.

En tout cas, moi, je ne veux pas laisser partir Thierry Ardisson. Le type m'intéresse, je le vois bien en journaliste dérangeant, et c'est vers un magazine que nous nous orientons. Nom de code : « Scoop à la Une ».

Le but est d'afficher une information qui n'est pas capitale, plutôt ludique, voire people, et d'essayer de la décortiquer comme s'il s'agissait d'un scoop.

Catherine, qui n'est toujours pas convaincue, veut me protéger en essayant de me convaincre de ne pas m'embarquer dans l'aventure. Mais je suis sûre d'avoir raison et je veux qu'elle soit productrice du projet. Je les convoque chez moi, elle et Thierry, et n'obtiens leur accord qu'au bout de deux heures !

Les premiers enregistrements de « Scoop à la Une » semblent donner raison aux réticences de Catherine. Thierry a le trac, il est en nage. Il faut stopper l'enregistrement toutes les dix minutes pour qu'il s'essore entièrement…

La colère me prend et, au cours d'un tête-à-tête musclé, je lui déclare :

— Le jour où tu seras aussi brillant à l'antenne que tu l'es au restaurant, tu auras gagné !

Il le devient très vite, et ses interviews deviennent alors des moments d'anthologie.

Les débats préliminaires à la privatisation de TF1 font rage. La presse s'en donne à cœur joie, et Serge July, mon copain de Mai 68, signe une page entière dans son journal sous le titre : « Les télévores passent à table », illustrée par une photo d'Hervé Bourges, Pascal Josèphe, Pascale Toussaint et moi, où je fais une drôle de tronche. Il écrit : « La privatisation de TF1 n'est pas le résultat d'un choix culturel ou industriel, les raisons en sont politiques. »

Le dossier Bouygues a gagné. Hervé Bourges et Pascal Josèphe jubilent et décident d'organiser une grande fête de passation de pouvoir.

La soirée est pharaonique, elle a lieu aux Pyramides de Marly-le-Roi. Tout le monde est là, les animateurs au grand complet : Stéphane Collaro, Patrick Sabatier, Patrick Sébastien, Bernard Tapie, Patrick Poivre d'Arvor, Thierry Ardisson, Michel Robbe, Frédéric

Mitterrand, mais aussi les stars du journal, Anne Sinclair et Marie-France Cubada.

À la fin de la soirée, je suis épuisée et, comme je ne sais toujours pas conduire, Francis Bouygues et sa femme me raccompagnent chez moi. Ils sont dithyrambiques. Lui, par prudence, me parle en me regardant dans le rétroviseur :

— Vous êtes formidable, Marie-France, je vous ai vue à l'œuvre, après cette soirée, demandez-moi ce que vous voudrez...

— Monsieur, je voudrais savoir si le président Bourges va rester ?

Francis Bouygues, au risque de provoquer un accident, se retourne subitement vers moi ; un vrai 180 degrés.

— Vous rêvez ou quoi ?

Moi, timide mais déterminée à la fois :

— Pourquoi ?

Lui, paternel :

— Marie-France, parce que je vous aime bien, je vais vous apprendre le secret de la réussite : deux hommes et un siège.

Arrivée chez moi, je suis bien décidée à leur rendre mon tabouret.

J'appelle en pleine nuit Jean-Jacques Legouar, mon administrateur, et Alain Vauthier, mon bras droit, pour leur dire que je vais donner ma démission. Je l'ai écrite mais pas encore signée lorsqu'ils arrivent. Nous parlons une partie de la nuit. Je leur raconte que Silvio Berlusconi, qui a racheté La Cinq avec Robert Hersant, s'agite beaucoup. Il a contacté Collaro, qui m'a tout de suite prévenue. Il a contacté Sabatier, qui ne m'a rien dit. Il m'a fait téléphoner par une de ses collaboratrices, Marina di Crollalanza, mais je n'ai pas donné suite. J'ai voulu en parler à Hervé Bourges, mais en ce moment, ce n'est jamais le moment !

Pourtant, avec ce que je sais maintenant, ce que m'a dit Francis Bouygues, tout a changé...

Patrick Le Lay, le directeur général de TF1, ne voit pas mon départ d'un très bon œil. Il revient à la charge :

— Qu'est-ce que je peux faire ?

— Je ne sais pas.

— Vous voulez une augmentation ?

— Non...

— Vous voulez aller sur La Cinq ?

— Je ne sais pas...

— Mais par qui je vais vous remplacer ?

Il croit me déstabiliser, il me soulage au contraire.

— Prenez Dominique Cantien, après moi, c'est la meilleure.

Je suis devenue odieuse, Dominique Cantien, elle est bonne, point barre. Je suis en train de péter un câble et, pour couronner le tout, je balance un communiqué à l'AFP dans lequel je dis que je démissionne parce que Hervé Bourges ne sera plus longtemps président.

Drôle de façon de le lui apprendre, mais tant pis !

Collaro m'appelle :

— Ça va faire du bruit quand la dépêche va tomber, viens, on se casse à Saint-Tropez pendant le week-end.

J'embarque Hamadi, mon prince arabe, et nous nous retrouvons tous au Byblos dans une incroyable insouciance. Il faut bien fêter ça, insiste Collaro. Mais fêter quoi ? Je viens de démissionner, je n'ai pas un sou, et je dois vite chercher un nouveau boulot. Stéphane est décidé à faire monter les enchères sur La Cinq, moi je me contenterais bien du même salaire que sur TF1, après tout, c'est le même boulot…

Mais pour l'instant, je savoure l'air frais de Saint-Tropez hors saison. Si frais que je me mets en quête de chaussettes Burlington.

Je tombe sur Jacques Marouani, l'agent de Patrick Sébastien, à qui je raconte que je viens de démissionner, que la nouvelle sera connue en fin d'après-midi, que je suis ici avec Stéphane Collaro, et que je compte aller voir Silvio Berlusconi dès lundi.

Je suis en train de choisir une paire de chaussettes à grands damiers lorsqu'il me dit :

— On vient avec toi…

Et de trois !

Commence alors une des valses médiatiques et de fric les plus exorbitantes de l'époque.

17

LA FOLLE ET VAINE AVENTURE DE LA CINQ

La particularité de La Cinq : des contrats en or pour les stars, Collaro, Sébastien, Sabatier, qui deviennent par la même occasion leurs propres producteurs.

Et là, tout est permis : caprices, exigences et campagnes de pub démentielles. Attention, on va voir ce qu'on va voir…

Les « rois » sont sûrs d'eux et moi je nage dans une mégalomanie galopante, entretenue par la complaisance des journalistes à mon égard. Ainsi, dans *Le Matin de Paris*, Renaud Revel se fait l'écho de mes déclarations fracassantes : « La Cinq sera épidermique et cyclothymique… »

En réalité, ce fut un véritable cataclysme. Non que les émissions aient été mauvaises, au contraire, le fric aidant, elles étaient plutôt plus abouties que sur la Une, mais elles ne furent ni regardées ni entendues… Il n'y avait pas d'émetteurs.

Les stars qui, en moyenne, faisaient sur TF1 35 % de part de marché, n'atteignirent pas les 3 % d'audience la première semaine !

Collaro, Sébastien et Sabatier passèrent très vite d'une profonde stupéfaction à une énorme colère.

Une réunion de crise eut lieu en pleine nuit, rue de Tilsit, fief parisien de Silvio Berlusconi.

Dans une panique générale, *Sua Eminenzia* suggéra de louer une centaine de camionnettes pour transporter chaque soir les cassettes des émissions afin de les diffuser dans les centres hertziens régionaux.

Hersant savait que Télédiffusion de France (TDF) s'y opposerait. Il se contenta de dire à Berlusconi que l'argent ne pouvait pas tout résoudre.

— Eh bien, allez voir vos amis politiques, répondit Berlusconi, moi j'assurerai le financement de la chaîne en attendant les émetteurs… mais il faut faire vite.

Pour l'instant, on met tout sur la communication : il faut que la chaîne, même si on ne peut pas la voir, soit celle qu'il faut voir à tout prix.

Mais les stars ne l'entendent pas ainsi. Si elles ne sont pas vues, elles n'existeront bientôt plus…

Alors, en sous-main, elles commencent à négocier. Ce n'est pas facile, il faut être sûr de revenir sur la Une pour partir de La Cinq… Mais Robert Hersant et Silvio Berlusconi laissent faire… Quelque part, ils sont soulagés à l'idée de se débarrasser de contrats si lourds et d'aussi longue durée.

Collaro, Sébastien et Sabatier vont réussir un incroyable jackpot en trois manches :

1) Beaucoup d'argent pour venir sur La Cinq.
2) Beaucoup d'argent pour en partir avant la fin du contrat…
3) Et enfin, beaucoup d'argent pour « accepter » de revenir sur la Une !

Et moi, je reste. Je n'ai pas vraiment le choix, je ne peux pas retourner au bercail, Patrick Le Lay m'en veut à mort d'avoir vidé son antenne. Peut-être que, pour la première fois de ma vie, je vais me faire lourder par les deux managers de La Cinq, après un tel fiasco...

Au contraire, ils me boostent :

— Marie-France, après tout cet argent jeté par les fenêtres, il est temps de mettre votre imagination au travail : lâchez-vous, ordonne Berlusconi.

— Et pour de bonnes raisons, lâche Hersant, un brin énigmatique.

Le soir même, après cette tempête médiatique, une vraie catastrophe naturelle va me fournir l'occasion de prouver qu'une chaîne, aussi décriée soit-elle, est capable d'un geste de solidarité.

L'ouragan Hugo vient de fracasser la Guadeloupe. Au lendemain du désastre, nous embarquons dans un avion d'Air France avec les natifs des îles, Julien Clerc, Laurent Voulzy, Philippe Lavil, Jocelyne Béroard, Kassav et Zouk Machine, non sans avoir sollicité des sponsors pour cette aventure humanitaire et nous être associés avec Réseau France Outre-mer (RFO) qui nous fournit sur place toute la technique contre une diffusion dans les Dom-Tom. Je suis en train d'apprendre à gérer une antenne sans fric.

Massimo Manganaro, le réalisateur, et moi transformons tous les chanteurs en envoyés spéciaux de choc.

Pendant trois jours, nous les suivons sur le terrain, ils sont magnifiques et solidaires, et le quatrième jour, pendant le direct de 17 heures, ils chantent à la carte : une chanson contre un don. C'est formidable. Nous récoltons pas mal d'argent, ce qui nous laisse entrevoir une première percée dans les sondages et un changement d'attitude chez les journalistes qui, pour la première fois depuis longtemps, écrivent que la chaîne fric s'est transformée en chaîne chic...

Tout à coup, j'y crois, à cette chaîne sans les stars !

D'autant que Catherine Barma et Thierry Ardisson viennent nous rejoindre. Ils sont devenus inséparables et créent sur La Cinq le sans-faute « Bain de minuit ».

Un soir, Catherine et moi avons en discutant l'idée de créer un magazine de société fondé sur un panel représentatif des différentes couches de la population de France, qui donnerait son avis sur les grandes préoccupations du moment.

J'ai repéré sur Europe 1 un journaliste qui présente avec beaucoup de punch le journal de 8 heures du matin. Il s'appelle Guillaume Durand. Je mets mon réveil pour le cueillir à la sortie du studio et je dois être assez persuasive, puisque j'arrive à le convaincre d'embarquer dans l'aventure.

Nous commençons à travailler tous les trois sur ce magazine que nous baptisons « Face à France ».

Thierry Ardisson nous rejoint dans nos cogitations et apporte le mordant qu'il domine maintenant si bien. Dans l'ensemble, je suis contente, « Bain de minuit » et « Face à France » sont des émissions qui nous ressemblent. En plus, les producteurs américains de « La Roue de la fortune » m'ont envoyé un nouveau format, sorte de show consumériste. Je l'adopte, avec Nicole Covillers, qui m'a suivie sur La

Cinq, et nous le baptisons « La Porte magique »… Parce que derrière la porte se cache le trésor d'Ali Baba !

Dans la foulée, influencées par *Indiana Jones*, Nicole et moi inventons un jeu pour les enfants : « En route pour l'aventure », avec dans le rôle de l'aventurier Michel Robbe, qui vient d'abandonner la présentation de « La Roue de la fortune » sur TF1 pour nous rejoindre.

Pendant l'enregistrement de la première émission, je mets une fois de plus une pression terrible et sans mesure, et Nicole s'effondre, en pleurs…

Ça ne lui ressemble pas, et pourtant je joue la mauvaise foi :

— Nicole, ce n'est pas le moment d'abandonner…

— Je n'abandonne pas, ma petite fille, je suis enceinte…

— Donc, tu me laisses tomber.

Mais elle ne lâchera rien, au point d'accoucher au bout de six mois et demi, à la grande peur de tout le monde.

La vie continue, j'ai l'impression que j'ai reformé une équipe, ma famille, en quelque sorte…

Robert Hersant veut renforcer l'information pour créer une force politique et obtenir toujours plus de nouveaux émetteurs.

Quelque part, il a reconnu mon pif, puisqu'il a demandé à Guillaume Durand de présenter le journal tous les soirs en plus de « Face à France » chaque dimanche.

Pour attirer la presse et les grands sponsors pétroliers, Robert Hersant décide de couvrir le Paris-Dakar. Mais attention, pas du bout des lèvres, non :

il propose à TSO[2] entre 7 et 8 heures de diffusion par jour.

Tout le monde est appelé à trouver des idées pour honorer ce contrat. Je propose, en marge du Paris-Dakar, deux émissions pour mieux connaître l'Afrique : une en plein désert, à Agadez, l'autre à l'arrivée à Dakar. Hersant et Berlusconi sont d'accord à condition que ça ne coûte rien. Et nous partons en repérage, Jean-Jacques Legouar, Alain Vauthier et moi. Je ne suis pas mécontente de quitter la chaîne quelques jours, car l'ambiance est rude entre ces deux managers si différents qui se renvoient sans arrêt la responsabilité de l'échec de La Cinq.

À Agadez, je retrouve Mano Dayak qui m'avait été présenté par Thierry Sabine peu avant sa mort. Nous avions déjeuné tous les trois chez Francis à l'Alma.

— Tu devrais bien t'entendre avec lui, avait prédit Thierry.

Et il avait raison. Mano me plaît grave. J'ai déjà vécu cette impression d'inévitable, il y a très longtemps, avec Bertrand. Mais là, je ne veux plus aimer parce que je ne veux plus être désaimée.

Alors je vais multiplier les rencontres professionnelles. L'idée d'un direct en plein désert avec des artistes venus de France ne me fait pas peur, mais est-il possible ? Je pars donc en repérage deux jours et je rejoins Mano à Agadez en plein Paris-Dakar.

C'est avec beaucoup d'enthousiasme que, dès mon retour à Paris, j'appelle Maxime Le Forestier, Catherine Lara, Manu Dibango, et leur demande de créer

---

2. Thierry Sabine Organisation, la société organisatrice du Paris-Dakar.

pour l'occasion une chanson originale. C'est comme ça que *Je suis né quelque part* et *Nuit magique* ont été créés dans le Ténéré.

L'arrivée à Agadez est épique. Une caravelle, probablement la dernière à voler, amène l'équipe, le matériel et les artistes.

J'ai l'impression d'être dans un bouquin de Saint-Ex. Nous nous installons sur la terrasse d'un hôtel digne de *Pépé le Moko*, et là, le temps s'arrête, c'est magique…

Le retour à Paris est rude.

Je suis convoquée de toute urgence par Robert Hersant dans son bureau. Ça semble grave, je suis intimidée. Je n'ai pas d'atomes crochus avec lui. Je ne lui ai même jamais serré la main, j'ai fait cette promesse à ma mère : lorsqu'elle a appris qu'il serait mon nouveau patron, elle m'a révélé les errances du monsieur pendant la guerre.

Avec Berlusconi, en revanche, je n'ai aucun problème, il est très volubile et, en bon Latin, il m'offre une montre avec des diamants, que je perdrai au bout de huit jours, destin oblige.

En attendant, je n'en mène pas large lorsque j'entre dans le bureau d'Hersant les mains dans les poches. Il m'attend, debout, les mains dans les poches lui aussi :

— Marie-France, nous allons arrêter toutes les émissions début juin. Nous n'attendrons pas les nouveaux émetteurs. Silvio Berlusconi ne veut plus suivre si nous ne nous engageons pas à diffuser toutes les séries américaines et allemandes issues de son catalogue, *La Finavest*, et moi, je me charge de l'information. Nous allons créer des journaux et des magazines d'opinion.

En fait, le partage est déjà fait, à lui le pouvoir, à Silvio le commerce. Au moins, il va pouvoir facturer les programmes fournis au lieu de les payer !

J'ai l'estomac dans les chaussettes, et pourtant je joue la carte de l'égoïsme intégral.

— Mais je dois repartir à Dakar pour le direct dans quelques jours.

Voilà, la chaîne s'écroule et ma seule réaction est la crainte de ne pas pouvoir retourner en Afrique, où je veux aller à tout prix… Il botte en touche :

— Nous n'avons rien dit aux animateurs, c'est à vous de le leur annoncer. Sachez que dans huit jours, l'info sera donnée aux médias… Ça vous laisse le temps de prévenir tout le monde.

Je pars sans rien dire…

À Dakar, je rejoins Bernard Lavilliers, Youssou N'Dour et les autres. Ce n'est pas seulement pour honorer leur présence que je suis là, ça me fait du bien de retrouver Mano à qui je raconte ce que je n'ai encore dit à personne, à lui, le colosse aux pieds en grand écart entre l'Afrique et l'Occident…

J'appréhende sa réaction mais il est formidable :

— Marie-France, la vie est belle !

Et je décide qu'elle le sera, en refusant de prendre le Concorde de retour affrété par TSO après le tournage de l'émission qui s'est très bien passé.

Je prendrai l'avion régulier d'Air Afrique le lendemain. En attendant, le soir même, Mano et moi dînons dans un restaurant de poisson au bord de l'océan.

— Mais pourquoi n'as-tu jamais pensé à toi ? Tu dégages, mais tu ne t'engages pas à te faire la vie douce, alors Marie-France, tu devrais comprendre ce que je te dis : la vie est belle.

Quand je rentre à Paris, je me dis que la vie n'est belle ni pour moi ni pour ceux que j'ai entraînés dans cette aventure...

Une autre transhumance m'attend. En plus, je dois faire face à un énorme problème avec la SFP. Au moment du contrat avec les stars, La Cinq, pour des raisons politiques, avait signé avec la SFP l'exclusivité des moyens techniques, dans le but inavoué de faire fléchir le gouvernement et TDF (et donc les émetteurs). Marché de dupes qu'il faut pourtant honorer.

L'avoir de la SFP m'avait permis, après la fuite des stars, de produire « Bain de minuit », « Face à France », « En route pour l'aventure », « La Porte magique »... Que va-t-il se passer maintenant que tout s'arrête ? Mon interlocuteur, Philippe Guillaume, est le patron de la SFP. Malgré les circonstances dramatiques, il reste courtois et charmant.

Ma situation est plus fragile que jamais. Plus d'émissions, plus d'argent, des producteurs déçus, et pourtant Robert Hersant ne me chasse toujours pas.

— Vous avez appris à faire des émissions pas chères, maintenant il faut traquer le coût zéro... Ayez des idées, proposez-les aux sponsors, et essayez de réaliser des bénéfices sur les budgets que vous obtiendrez...

Ça devient coton. J'en parle un soir à Serge Gainsbourg :

— Moi, j'ai une idée, dit-il, on va faire une petite collection : de l'influence du jean sur la musique, de l'influence du soleil sur la musique, de l'influence de l'ivresse sur la musique...

Il a le sourire des grands soirs.

L'ivresse, je comprends bien, mais je laisse tomber… En revanche, je trouve une marque de café pour financer les deux autres.

Sur ces entrefaites, je reçois un coup de fil d'Hervé Bourges. La surprise est d'autant plus grande que j'essaie depuis trois mois de le joindre pour lui dire à quel point j'ai été choquée par une phrase du livre qu'il n'a pas manqué d'écrire après son départ de la Une : « La veille de la privatisation, Francis Bouygues nous invite à dîner, et Marie-France Brière n'arrête pas de minauder ! » Merde alors, j'ai été loyale au-delà du possible, n'hésitant pas à partir lorsque j'ai su avant tout le monde qu'il ne resterait pas, et ce sans un sou, alors qu'ils ont tous quitté le navire plus tard avec *a lot of money*… merde, merde, merde !

Je n'ai même pas le temps de lui faire le moindre reproche. Égal à lui-même, il déclare :

— Je me suis porté candidat à la présidence d'Antenne 2. Le choix final se fera lundi à la Haute Autorité vers 17 heures, je vous appelle à 17 h 30.

Il a raccroché, je ne sais que penser…

Le lundi suivant, le téléphone sonne vers 17 h 30 et, finalement, je me dis qu'Hervé Bourges est un homme de parole…

— Allô, Marie-France, bonjour, c'est Philippe Guillaume… Comment allez-vous ?

— Ça va bien, monsieur…

Je n'ose pas lui dire qu'il encombre ma ligne et que j'attends un coup de fil décisif pour ma carrière.

— Alors voilà, Marie-France, je voulais vous dire que je viens d'être nommé P-DG d'Antenne 2.

Les bras m'en tombent. Mon silence dure un quart de siècle. Je me force :

— Je vous félicite, monsieur.

— Je vous remercie, mais je vous remercierais encore plus de bien vouloir accepter de diriger les variétés de la chaîne, et aussi son département Jeunesse, parce que j'aime votre côté enfant.

Mon silence me permet de gagner du temps. Après quelques secondes, je lâche enfin :

— Je ne crois pas que je vais pouvoir.

— À cause du préavis, vous avez le temps, je n'aurai besoin de vous que dans trois mois.

Il vient de raccrocher quand le téléphone sonne à nouveau, c'est Pascal Josèphe.

— Hervé n'a pas été nommé...

— Oui, je sais...

— Comment le sais-tu ? Aucune dépêche n'est encore tombée...

— Philippe Guillaume vient de m'appeler. Il veut que je le rejoigne pour diriger les variétés et même...

Il m'interrompt :

— Écoute, on te rappelle...

Je rentre chez moi, perplexe. Si je résume la situation : un homme que je ne connais pas, avec lequel je n'ai aucune affinité, vient de me proposer le job le plus important que j'aie jamais eu ! Un autre, fin stratège, diabolique et machiavélique, avec lequel j'ai si bien travaillé, n'a pas été élu...

Par solidarité, je dois refuser ce nouveau job.

La sonnerie aigre-douce du téléphone interrompt mon tout petit début de réflexion. C'est à nouveau Pascal Josèphe.

— Marie, Hervé et moi en avons parlé, il faut que tu acceptes la proposition de Philippe Guillaume.

Je suis assez surprise.

— Mais attends, Pascal, il est nommé pour trois ans !

— Et alors ? Il vaut peut-être mieux que tu sois dans la place !

C'est quoi, cette haute stratégie à laquelle je ne comprends que dalle ? Qu'est-ce qu'ils veulent ? Que je sabote le nouveau P-DG de l'intérieur ? Je suis complètement paranoïaque mais je préfère me taire, ou plutôt répondre autrement :

— Je n'irai pas, je dois vivre le calvaire de La Cinq jusqu'au bout, j'ai entraîné trop de gens dans cette apocalypse...

— Réfléchis bien, conclut-il.

Pendant toutes ces années, ils m'ont encouragée à ne pas trop réfléchir et à foncer avec mon pif, et maintenant, ils me questionnent sur mon plan de carrière. J'en ai marre, j'appelle Mano, il y a longtemps que je n'ai pas entendu sa voix.

— Où tu te cachais ? reproche-t-il.

Je l'inonde de mes doutes sans même lui demander comment il va. Pourtant, il me supporte, au sens sportif du mot.

— Plutôt que te demander ce qu'il faut faire, demande-toi plutôt ce que tu veux faire...

— De la télévision.

— Et alors, où feras-tu le mieux de la télévision ? Sur La Cinq où tu n'as plus d'émission, ou sur la 2 où tu pourrais faire de belles choses...

Il me touche, au fond je sais qu'il a raison, et pourtant je reste sur La Cinq.

Le riz Uncle Ben's sponsorise un spécial Eddy Mitchell à Nashville, et je m'étourdis en réalisant une émission formidablement « paille-foin ». Le Midwest, c'est pire que la légende, et je comprends soudain le second degré des chansons de Claude Moine.

Après les enregistrements, Eddy et moi visitons les débits de boisson et découvrons le Jack Daniel's étiquette verte, celui des ouvriers.

Le soir, à l'hôtel, en visionnant les rushes de la journée, nous plongeons un *quarter*[3] dans un verre de Jack vert pour savoir à quoi on s'expose. À notre grande stupéfaction, la pièce se dissout dans le liquide. Horrifiés, nous refermons la bouteille et sauvons nos estomacs par la même occasion.

Lorsque je rentre à Paris, dans le bureau de La Cinq qui a beaucoup rétréci, Michel Drucker m'appelle :

— Philippe Guillaume m'a dit que tu allais venir sur la 2 ! Je voudrais te parler d'un projet que j'ai pour l'accès prime time.

Et là, je flanche. J'accepte un rendez-vous pour le lendemain, vers 11 heures du matin au studio Gabriel, alors que je continue à être payée pour tenter de sauver La Cinq ! J'y vais et je culpabilise à mort, au point de me casser le pied en visitant avec Michel Drucker la scène et les coulisses, futurs lieux d'une prochaine émission. Les scientifiques prétendent que les fractures de la malléole sont des cassures d'énervement.

Drucker est royal, il m'emmène dans une clinique qu'il connaît bien où l'on m'opère tout de suite.

Mano vient me voir à Paris. Moi, j'ai envie de me cacher, il s'en fiche, il me répète sans cesse de penser

3. Une pièce de vingt-cinq centimes de dollar.

à moi avec plus de douceur. Et c'est avec des béquilles que j'envoie ma lettre de démission à Robert Hersant.

Une lettre pleine de déférence.

Il ne m'a jamais déçue, je ne lui ai jamais serré la main, il n'a jamais sorti les siennes de ses poches, comme s'il avait compris les exigences de ma mère. Il connaissait d'instinct sinon la télé, du moins l'impact de celle-ci. Je me souviens d'un soir, très tard, où je l'avais surpris dans son bureau, un énorme écran devant lui. Il occupait un siège et il y en avait un autre, vide, à côté. La porte était ouverte…

— Marie-France, venez voir ce grand écran, on dirait du cinéma, venez vous asseoir…

En effet, l'écran est gigantesque et bonifie tout. Je m'assieds devant un western de série B qui flirte avec le mégascope.

— D'après vous, c'est de la télé, ça ? tonne Robert Hersant.

Je sens le piège, nous sommes assis dans de bons fauteuils, face à un énorme écran. Mais je l'aide, j'aime bien sa question :

— On dirait du cinéma, mais avec une émission de variétés, ça va faire drôle.

Adieu monsieur Hersant, vous étiez plus grand que votre légende. Je sais maintenant que mon ultime lettre ne vous est jamais parvenue, votre directeur général s'étant contenté d'acter ma démission, oubliant par la même occasion de me payer mes congés.

Paix à votre âme.

18

RETOUR DANS LE CHAUDRON DU SERVICE PUBLIC

J'arrive au siège d'Antenne 2 un après-midi de pluie. L'immeuble de l'avenue Montaigne ressemble à un grand hôpital, de longs couloirs verdâtres aux multiples portes fermées, au cas où une idée tenterait de s'échapper.

Je suis accueillie par le nouveau directeur général, Jean-Michel Gaillard. Il est arrivé là il y a une quinzaine de jours, choisi lui aussi par Philippe Guillaume. Il est historien, méridional, drôle et courtois.

Il me conduit dans ce qui sera mon bureau, où trônent pour l'instant une table et une chaise. Il s'excuse :

— On n'a pas mis grand-chose, comme ça, vous pourrez en faire ce que vous voudrez…

Il doit voir ma mine déconfite…

— Regardez, votre fenêtre donne sur l'appartement de Marlene Dietrich, là, juste en face…

Je commence à penser que cet homme sait trouver les mots justes pour me réconforter.

Une fois seule, je prends le téléphone par terre, je le pose sur mes genoux, et je compose le numéro de Jacques Antoine.

Jacques, je l'ai croisé à Cannes lors du dernier MIP, le Marché international des programmes, où producteurs et responsables de chaînes de télévision se rencontrent.

Robert Hersant avait tenu à ce que j'y aille alors que nous étions déjà dans l'impossibilité d'acheter un quelconque format. Il fallait simplement faire bonne figure. Jacques me montra une carte postale qui représentait un fort circulaire planté en pleine mer.

— J'ai découvert ce fort en faisant la dernière « Chasse au trésor » avec Dieuleveult, à La Rochelle. Il a été construit par Vauban à 19 kilomètres de la terre ferme. Pour l'instant il appartient à un dentiste, mais ça peut s'arranger... Tu imagines un genre de « Donjons et châteaux » là-dedans ?

L'idée était géniale, bien sûr que je l'imaginais, mais comment faire ? La Cinq ne produirait plus rien, surtout pas un tel chantier.

Jacques continua sur sa lancée :

— Il faut tout aménager, enfin tu vois, c'est un gros bazar !

Je m'accrochai à l'idée, même en ayant l'impression de surfer sur du bluff.

— Jacques, je te promets que nous ferons cette dinguerie un jour, fais-moi confiance.

Il comprit que je n'avais plus un sou et que je représentais une chaîne moribonde, néanmoins il précisa :

— Bien sûr que je te fais confiance.

Et je suis là, quelques mois plus tard, dans ce bureau vide mais plein d'avenir d'Antenne 2.

Au bout de la quatrième sonnerie, Jacques décroche, je l'imagine tranquille, fumant sa pipe.

— Allô, Jacques, c'est Marie-France… Quand pouvons-nous visiter ce fort Boyard ? C'est un très beau projet, digne du service public.

Il n'a même pas l'air surpris, comme s'il avait attendu mon coup de fil.

— On peut y aller mercredi prochain, si tu veux, tu prends le train jusqu'à La Rochelle, on t'attendra à la gare.

Il ne m'a pas félicitée pour ma nomination, mais je sens qu'il est content.

Les réunions de direction ont lieu chaque lundi matin à Antenne 2, et dès la première, je vais pouvoir annoncer une bonne nouvelle. Mais je me souviens aussi que j'ai été nommée directrice du département jeunesse, et ça me plaît. Mon côté « Salut les copains » me poursuit et je me réjouis à l'idée de baigner dans l'ado.

Pendant mes derniers mois sur La Cinq, dans ma période « nourriture contre pétrole », je veux dire « émission contre argent des sponsors », j'étais allée voir les responsables de Coca-Cola en France pour leur proposer « Perfecto », un magazine fanzine qui m'avait permis de constituer une équipe de jeunes journalistes rockers.

Pourquoi ne pas reprendre cette idée pour en faire une vraie émission ? Un bon programme produit par Antenne 2 et qu'ils pourraient parrainer après accord en bonne et due forme avec la régie publicitaire. La donne n'est plus la même.

Je sors l'équipe de « Perfecto » du chômage, ils arrivent plus fougueux que jamais.

— Il faudrait pouvoir gamberger à un magazine quotidien, en êtes-vous capables ?

— C'est méga simple ! s'exclame le chef, Jean-François Bouquet surnommé Jeff.

— Eh bien, si c'est aussi simple que ça, on va appeler ce magazine « Giga ».

— Pourquoi ? demande-t-il.

— Parce que c'est mille fois plus grand que « méga » !

Je n'ai aucune difficulté à convaincre le comité de direction du bien-fondé d'un magazine destiné aux jeunes, d'autant que Jean Mino, directeur de la programmation, trouve la bonne idée de se servir de « Giga » pour habiller les séries américaines pour ados qu'il vient d'acheter au dernier MIP, celui-là même où je faisais de la figuration.

En revanche, mon « racontage » du projet « Fort Boyard » ne suscite pas l'enthousiasme escompté. Jean Rozat, le directeur des productions, se montre le plus réservé.

— Vous vous rendez compte des travaux à effectuer avant même d'envisager le tournage d'éventuelles émissions ?

Je ne veux rien écouter tant je tiens à ce projet, et je réponds bêtement :

— Mais Jacques a dit qu'il pourrait racheter le fort à son propriétaire, un dentiste qui se rend bien compte qu'il a une drôle de maison de week-end, sans eau ni gaz ni électricité…

Je sens bien que je m'enfonce, et que mon projet tombe à l'eau.

Je pense déjà à mes doigts engourdis par la désillusion quand je composerai le numéro de téléphone de Jacques Antoine pour lui annoncer la *bad news*, lorsque j'entends à nouveau la voix de Jean Rozat :

— Lorsque vous verrez Jacques Antoine, mercredi à La Rochelle…

Je saute de joie sur ma chaise.

— Ne vous réjouissez pas trop vite, il serait plus intelligent de lui suggérer, s'il achète le fort, de le revendre tout de suite un franc symbolique au Conseil général de la Charente-Maritime, qui deviendrait ainsi le partenaire d'une future émission de télévision, nous épargnant, en tant que coproducteur, une ruine certaine due à un raz-de-marée, un incendie, ou toute autre catastrophe naturelle, comme l'effondrement du fort…

Cette leçon publique de Jean Rozat était un sacré bon conseil, que Jacques Antoine suivit à la lettre. Le Conseil général acheta le fort et le consolida, cédant à la chaîne le droit d'y tourner des émissions pendant quatre-vingt-dix-neuf ans !

Mine de rien, toute cette aventure de La Cinq fondée sur une arnaque d'émetteurs m'a déglinguée plus que je ne le pensais. J'ai envie de changer d'ondes, de capter les bonnes, ou de faire table rase pour savoir si je suis encore capable d'être une « truffière », celle qui trouve.

Jacques Antoine tombe à pic, il ne fait pas partie de mon environnement et je suis ravie de m'embarquer dans le projet fou de « Fort Boyard ».

Il faut d'abord installer dix-neuf kilomètres de câbles sous-marins pour prétendre pouvoir un jour enregistrer une émission. Un challenge que je garde pour moi. Autant ne pas inquiéter la direction pour que celle-ci ne m'ordonne pas d'arrêter immédiatement cette expérience aléatoire.

La première fois que j'entrevois le fort au travers de la brume, à bord du *Baron Gougaud*, après plus d'une demi-heure de mer, j'ai l'impression d'être dans un film.

Ma malléole me fait encore souffrir et je marche à l'aide d'une superbe canne, avec un pommeau d'argent en forme de canard sauvage. C'est Gainsbourg qui me l'a fait parvenir, je ne sais pas comment, au bar La Fumée où nous avons embarqué. C'était la canne de son arrière-grand-père russe, et il me l'a donnée !

J'aborde le fort à la hussarde, et c'est le coup de foudre pour cette prison que Jacques veut transformer en piège à succès. Nous enregistrons les dix épisodes de la première saison en deux fois cinq émissions, par superstition.

Le jeu fonctionne bien mais le look n'y est pas. Patrice Laffont est habillé d'une salopette à la Coluche qui tranche avec l'obscurité du fort. Sa partenaire pousse des hurlements. Ça ne va pas du tout.

Heureusement, nous ne sommes pas trop égratignés par la critique tant le jeu est original et nouveau. Isabelle Morini-Bosc, qui fait la pluie et le beau temps à *VSD*, s'enthousiasme : « On ne regarde pas "Fort Boyard", on le vit. On se chauffe les muscles et la pupille en l'attendant. On retrouve la joie qu'on ressentait jadis à dévorer *Le Club des cinq* ou *Mandrake*. »

N'empêche, elle a beau m'appeler « Super Jaimie dans une carrosserie de fée Clochette », « Bionic Woman au flair d'acier », moi je sais que si nous ne voulons pas rater notre entrée, il faut changer quelque chose, et vite. En plus, la troisième émission a été enregistrée sous un orage terrible et doit être diffusée ce samedi soir après une semaine de canicule.

J'appelle le service météo de France 2 et je tombe sur Sophie Davant, que je ne connais pas. C'est avec une inconscience culottée que je lui demande si elle ne peut pas organiser une perturbation très ciblée au-dessus de La Rochelle qui pourrait expliquer les trombes d'eau que les téléspectateurs vont découvrir le soir en regardant l'émission.

Si elle est surprise par cette demande saugrenue, elle cache bien son jeu. Sa voix est charmante :

— Je vais voir ce que je peux faire.

Le soir même, comme tous les samedis, je suis plantée devant la télé à la fin du journal, avant la météo.

Sophie Davant est radieuse devant une carte de France couverte de gros soleils. Je suis catastrophée quand, tout à coup, à la fin de ses prévisions, Sophie lance un tout petit parapluie au-dessus de l'île d'Aix.

— Attention aux orages subits sur le fort Boyard.

Elle est épatante, cette fille-là ! J'aime son sourire, sa douceur. Le lendemain, je l'appelle pour la remercier. Elle semble tout naturellement s'intéresser au programme.

— Alors, comment se passent les enregistrements ? me demande-t-elle.

— Oh, vous savez, je n'en ai enregistré que cinq. Les cinq autres, je les tourne la semaine prochaine, et ça tombe bien parce que j'ai enfin trouvé mon aventurière…

À l'évidence, elle ne comprend pas.

— Marie, la partenaire de Patrice, ça ne va pas, je me suis trompée, elle n'aime pas le fort et le fort ne l'aime pas. Voulez-vous tenter l'aventure avec moi ?

Le couple Patrice Laffont-Sophie Davant a fonctionné tout de suite et, dès la fin de la première saison, le jeu s'impose définitivement. Les enfants en étaient fous et j'avais par la même occasion l'impression de remplir mes deux fonctions à la fois, celle de directrice des divertissements et celle de directrice de la jeunesse.

Mais je rêvais d'une émission pour les tout-petits…

Lorsque j'avais quatre ans, je me confiais à un singe en laine marron que j'avais baptisé Marie-Antoinette. Je lui racontais tous mes secrets en espagnol, et j'avais l'impression que ma guenon les comprenait.

Lorsque j'intégrai Antenne 2, c'était la mode des chiens. Ève Ruggieri, la directrice des programmes, avait un dog nain noir ; moi, je venais de m'acheter une pékinoise argentée. Il s'appelait Oscar, elle s'appelait Daphnée, et j'eus l'idée d'en faire les confidents des enfants de ma première émission pour les tout-petits.

L'idée était adorable mais mon assistante, Pascale, chargée du déroulement de l'émission, devint cinglée à cause des deux chiens qui, toilettés et parfumés avant l'émission, avaient pris le melon ! Ils enchaînaient les caprices pendant que les enfants s'arrachaient leurs photos ! L'émission marchait bien mais les enregistrements étaient un calvaire.

J'arrêtai net au bout de cinq mois. Les chiens en firent une maladie, mais tant pis. Nous avions d'autres trucs à faire…

Un soir, Paul Lederman, qui m'avait déjà entraînée dans la douce folie des Restos du cœur avec Coluche, m'emmena au théâtre voir Les Inconnus. Ils étaient formidables. Déjà sur La Cinq, malgré le manque de moyens, nous avions pu capter leur spectacle au

Point-Virgule. Mais là, Paul, qui me connaissait bien, me mit la pression en me disant qu'il fallait tenter une grande émission sur une grande chaîne nationale, digne de leur talent !

Nous nous retrouvâmes tous chez moi, je leur fis une poule au pot, et nous commençâmes à gamberger.

C'était dément. Dès le début, Les Inconnus imprimèrent le rythme. Quarante sketchs écrits pour trente gardés et découpés en séquences de cinéma.

Un deux-colonnes – actions / accessoires – permettait à chacun de préparer son travail. Qui les repérages, qui les costumes, qui le casting, qui les autorisations de tournage. Nous tournions douze jours de suite, huit en extérieur et quatre en studio. Pour voir si les sketchs fonctionnaient, j'avais une fois de plus eu recours aux grandes salles de répétition de danse de la SFP, les fameux studios Arthur Plasschaert qui m'avaient déjà permis de visualiser « Ambitions ».

Là, c'était plus facile. Bernard Campan, Didier Bourdon et Pascal Légitimus étaient d'excellents comédiens, et on voyait tout de suite, devant les murs de miroirs, quels étaient les sketchs à garder.

Nous bossions énormément, mais en riant beaucoup.

Pullicino réalisait les extérieurs, il inventa les clips d'*Auteuil, Neuilly, Passy*, des *Raptout*, d'*Isabelle a les yeux bleus* et des sketchs comme *Le Commissariat* ou *Les Chasseurs*.

Bernard Flament réalisait tout ce qui se passait en studio, on lui doit « Stéphanie de Monaco » et autres *Télémagouilles*.

Dès la première diffusion, nous atteignîmes des pics d'audience. L'émission coûtait cher, mais plus de la moitié de l'argent allait à la SFP, ce qui assurait une certaine paix sociale. La compétition était dans l'inventivité, et jamais Jean-Michel Gaillard ne me fit le reproche du prix à payer. Il considérait une fois pour toutes que nous avions ramené l'impertinence dans le service public.

Au mois de février, un truc que je n'avais pas prévu me tomba dessus : l'Eurovision. Je croyais cette institution enterrée dans les oubliettes de la télévision, mais non, l'UER (sigle anglais), l'Organisme européen des télévisions publiques, la rappela à mon bon souvenir.

Je fus convoquée à Genève, au siège de la vénérable assemblée.

Le règlement du concours me paraissait confus et compliqué, chaque pays devant organiser une sélection et un jury. Il me sembla plus simple de choisir la chanson et l'interprète. Tant qu'à prendre le risque, autant l'assumer.

Lorsque sur La Cinq j'avais organisé la « Charity Journée », en Guadeloupe, j'avais été séduite par l'une des chanteuses de Zouk Machine, Joëlle Ursull. Je l'appelai donc, et elle parut très surprise.

— Mais je suis black, ça va faire bizarre à l'Eurovision !

Je ne me démontai pas.

— Je vois surtout que tu es française, et une fille des îles pour représenter la France à l'Eurovision, moi je trouve ça bien.

— À condition d'avoir une chanson…, insista-t-elle.

— Là, tu as raison, c'est la condition *sine qua non*, et il faut que ce soit Gainsbourg qui écrive la chanson.

À l'époque, il habitait l'hôtel Raphaël, il se disait fatigué mais n'en parlait à personne. Je l'appelai pour lui expliquer tout. D'une voix basse, il répondit :

— J'ai compris, Marie-France, mais je ne sais pas si je pourrai la faire. Rappelez-moi demain matin, vers 10 heures. Si je trouve quelque chose dans la nuit, très bien, sinon vous savez que je ne la composerai jamais.

Je passai une nuit blanche chez moi, à faire des réussites qui échouaient les unes après les autres.

À 6 heures du matin, en reposant mes cartes sur la table de nuit, je m'aperçus que l'une d'elles était restée coincée dès le début sous le téléphone. Rien ne comptait plus, tout était à refaire, mais je m'écroulai de sommeil.

Je fus réveillée par la sonnerie du téléphone.

— Allô, c'est Serge, venez, je crois que j'ai trouvé quelque chose.

Je suis K-O debout mais je me lève, tel un automate, cours après un taxi et arrive à bout de souffle au Raphaël. Deuxième étage, je frappe. Il est en jean, blaser bleu marine, comme toujours.

Sans bonjour, il s'installe au piano.

« Lorsque l'on me parle de couleur de peau
J'ai le blues qui me fait froid dans le dos
Je me sens dans un conte d'Edgar Allan Poe
C'est le never more, les vumètres à zéro… »

Une sonnerie stridente vient s'intercaler entre le couplet et le refrain. Il lève à peine le doigt du clavier.

— Répondez, s'il vous plaît, je ne suis pas là…

Alors, une voix que je reconnais d'emblée me parle.

— Allô, c'est Brigitte…

On nage en plein délire. Je m'entends dire :

— Pouvez-vous rappeler un peu plus tard ?

Les notes s'égrènent à nouveau.

« White and Black
Dance, balance sur le White and Black Blues
That's all right
Dance, balance sur le white blues...
And black... »

À la fin, j'applaudis comme une idiote, lui n'a qu'une question :

— C'était qui au téléphone ?

— Brigitte Bardot, je crois...

Il pianote *Je t'aime moi non plus*, plus doucement...

Il me raconte son histoire avec Brigitte, comment elle a exigé que le fameux duo soit enfermé à tout jamais dans un coffre-fort tant elle avait peur de la réaction de son mari de Munich.

— Promettez-moi, si un jour vous faites une émission avec elle et que je ne suis plus là, de lui faire avouer qu'elle m'a aimé, au moins un peu...

Il ne me demande même pas si j'aime la chanson qu'il vient de composer dans la nuit pour Joëlle Ursull, alors j'en profite :

— Serge, il faut absolument que vous dirigiez la séance. Moi, je ne saurai pas...

Sa réponse est joyeuse.

— OK, dites à CBS qu'ils me retiennent le studio Ferber, après-demain, toute la nuit. Ça vous va ?

Serge ne peut pas venir avec nous à Zagreb, où se déroule l'Eurovision, il est déjà trop malade. La chanson est programmée à l'antenne et elle passe énormément à la radio avant même le jour du concours.

L'attaché de presse de la maison de disques s'appelle Pascal Nègre, il est carrément génial. Et pourtant, la pression énorme qui règne sur la scène attire toutes sortes de catastrophes.

Pendant l'enregistrement, Serge avait eu la formidable idée de mettre des *steelpans* dans l'orchestration et, bien sûr, quand les organisateurs du vieux concours nous virent arriver avec nos énormes fûts de résonance en métal, ils se retranchèrent derrière le règlement.

Il nous fallut trois heures de discussion et une répétition qui mit le public debout pour les convaincre qu'il s'agissait bien d'instruments de musique.

À la répétition générale, la pression était telle que Joëlle craqua le pantalon de scène qu'une de ses copines, styliste et prêtresse vaudoue à la fois, avait créé pour elle. Face à ce mauvais présage, elle voulut tout arrêter. Pascale, mon assistante, fit le tour de Zagreb pour trouver une couturière qui accepte de travailler toute la nuit pour fabriquer un pantalon mi-baroque mi-bohème, finalement dix fois mieux que le premier, ce qui me permit de convaincre Joëlle qu'il n'y avait pas de fatalité, bien au contraire.

La ville me surprenait. Comme nous étions de l'autre côté du Rideau de fer, je l'avais rêvée colossale, à l'image du Palais des congrès où allait se dérouler la cérémonie. Mais c'était aussi autre chose. Les rues regorgeaient de petits salons de thé où déguster du café turc ou du thé vert à l'orientale.

La chanson *Black and White* interprétée par Joëlle Ursull arriva en deuxième *ex aequo* à l'Eurovision. Certains pays, comme le Luxembourg, n'avaient pas voulu voter pour une Noire, et je pris, grâce à ce concours, mon premier cours de géopolitique.

La chanson décolla dans la plupart des charts d'Europe et fut un temps la meilleure vente en France de la maison de disques.

Pascal Nègre me rappela trois semaines après, très solennel :

— Marie-France, il faudra toujours se souvenir que la guerre a commencé vingt et un jours après l'Eurovision.

Et c'est ainsi que j'appris l'existence du chaos qui allait déchirer la Bosnie, la Serbie et la Croatie.

Le relookage des antiquités télévisuelles m'amusant bien, je décide de ne pas enterrer les « Jeux sans frontières » qui peuplent les étés d'Antenne 2. Mes collègues de la Rai, de la TVE, de la RTBF et de la télévision portugaise, rencontrés à Zagreb, m'ont suppliée de ne pas me retirer de la coproduction, ce qui entraînerait l'arrêt de toutes les émissions. En effet, chaque pays produit deux JSF et récupère les dix autres. Une bonne affaire, en quelque sorte, mais qui repose sur la solidarité de tous. D'accord, mais comment déringardiser ces jeux ? Je me laisse convaincre d'assister à une nouvelle réunion au sommet à Genève. Je suis assez bluffée par la créativité du directeur des divertissements de la RAI et par la drôlerie des gens de la BBC.

Alors pourquoi ne pas mettre ces jeux dans les univers de chacun ?

La RAI opte pour le cinéma italien et le carnaval de Venise. L'Angleterre pour Agatha Christie et les mystères de la tour de Londres. La Belgique pour Tintin et Simenon. Et nous, pour Molière et Jules Verne.

À partir de là, nous laissons voguer nos délires.

Montpellier est choisie pour l'enregistrement des deux émissions françaises. D'abord parce que c'est là que Molière fit ses études de médecine, et surtout parce que le maire, Georges Frêche, est prêt à jouer le jeu à fond avec nous. L'idée d'une création européenne avant l'heure lui plaît beaucoup. Il met à notre disposition l'énorme esplanade de l'Europe et tout le staff technique de la mairie.

Heureusement, parce que Michèle Sarfati, la décoratrice, a décidé de faire mieux que *Ben Hur*. Rien ne l'arrête, ni mes idées à la noix ni la rigueur et l'exigence de Nicole Covillers qui, évidemment, n'a pas hésité à prendre la production à bras-le-corps. De temps en temps, elle grommelle :

— Il faudra bien se calmer un jour, ma petite fille…

Mais le temps n'est pas venu et tout est hors norme.

Les deux émissions françaises étant les premières tournées, il faut placer la barre très haut pour tous les autres. Et ça marche à merveille. Les jeux sont exubérants. Même les Portugais se font exploser les neurones. J'ai choisi deux nouveaux animateurs : Georges Beller, fraîchement sorti de *Médecins de nuit*, et Daniela Lumbroso, journaliste qui présentait « Les Cinquante-Neuvièmes Rugissants » et qui est venue me voir un jour :

— Même si ce que vous faites n'est pas toujours intello, j'aimerais bien travailler avec vous…

Elle va être servie. En revisitant Molière façon exagération carnavalesque, elle n'aura jamais d'état d'âme et se montrera chaleureuse et généreuse. Outre les émissions françaises que ces animateurs présentent totalement, ils sont aussi présents sur les émissions étrangères, filmés par une équipe réduite, ce qui donne à la série une très grande folie homogène.

Les scores d'audience sont très bons et c'est là le début d'une coproduction entre six, et bientôt huit partenaires européens.

À Montpellier, j'ai rencontré une costumière extraordinaire, Rose-Marie Melka, que je vais entraîner dans une nouvelle aventure.

Ne voulant pas m'avouer qu'il me faut un prétexte pour revoir Mano, j'obtiens, après d'innombrables palabres avec les ayants droit d'Antoine de Saint-Exupéry, la permission d'adapter *Le Petit Prince* à la télévision, chapitre par chapitre, ce qui donne pendant toutes les fêtes de fin d'année une féerie à l'antenne, d'autant que l'aviateur est Richard Bohringer et que le désert est le Ténéré...

Je ne sais pas si j'ai eu cette idée pour retrouver Mano, ou si son organisation sans faille me permit de réaliser une belle idée. Probablement un peu des deux...

Ma plus grande déception, c'est que la famille de Saint-Exupéry ne permit jamais de réunir tous les chapitres en une seule grande émission, voire une cassette qui aurait enchanté les enfants.

Dommage.

Richard Bohringer était formidable, comme toujours.

Et mon retour d'Afrique fut plus douloureux que jamais.

Un soir que nous préparions, Nicole Covillers et moi, un spécial Pierre Palmade, rencontré au Point-Virgule et qui nous faisait hurler de rire, Nicole se lamentait :

— Tu te rends compte, c'est dommage d'avoir été obligée d'abandonner des jeux comme « La Porte magique » ou « En route pour l'aventure ».

Avant que j'aie le temps de lui expliquer qu'il ne faut jamais recommencer ce qu'on ne fait plus, le téléphone sonne. C'est un producteur hollandais qui m'est envoyé par des Belges rencontrés sur « Jeux sans frontières ».

Il m'explique qu'ils viennent d'inventer un jeu mais qu'ils ne savent pas très bien comment l'adapter pour la TV.

— Vous tombez bien, j'ai dans mon bureau la spécialiste qu'il vous faut. C'est elle qui a produit « La Roue de la fortune » en France. Elle prend l'avion ce soir, réservez-lui un hôtel.

Nicole Covillers s'envola pour La Haye sans valise et revint à Paris avec « Motus » dans ses bagages.

De temps en temps, je vais me ressourcer en Tunisie, chez le prince oriental. Je reprends des forces entre hammam et thé vert, couscous de poisson et lecture du Coran. Et c'est avec un pincement au cœur que je reprends l'avion pour Paris le dimanche soir. Je déambule dans l'aéroport, de boutique en boutique, lorsque tout à coup je tombe sur de merveilleux livres pour enfants dépliants, s'ouvrant à l'infini sur les mystères de la médina de Tunis ou les exploits d'Hannibal.

J'en achète plusieurs et, dans l'avion, je suis ébahie par la poésie et la créativité de ces auteurs illustrateurs. Arrivée à Paris, j'appelle le prince :

— Hamadi, j'ai découvert des petits livres merveilleux. Peux-tu te renseigner sur ces éditions Alif dont le gérant est un dénommé Bettayeb ?

Trois jours après, il me rappelle :

— Tu as rendez-vous avec tous les auteurs et l'éditeur samedi soir prochain à Tunis.

Je le soupçonne d'avoir trouvé le moyen de me revoir le week-end suivant mais je ne lui en veux pas, il vient de changer le cours de ma vie…

Le rendez-vous a lieu à l'hôtel Africa, avenue Habib-Bourguiba. Il y a trois garçons et une fille. Quand je leur propose d'adapter les *Mille et Une Nuits* en dessin animé, ils sont sidérés :

— Mais on n'a jamais fait de dessins animés.

— Moi non plus.

Pendant plus de quatre heures, nous nous lançons dans le choix des contes, et les premiers dessins naissent sur la nappe en papier, magiques. Je choisis le producteur des *Tortues Ninja* pour mettre en œuvre nos divagations, avec obligation d'engager tous les créateurs tunisiens.

Ils vivent le calvaire avec ce producteur qui n'a de cesse de se débarrasser d'eux, mais ils tiennent bon en me faisant promettre qu'un jour, nous produirons nous-mêmes une œuvre.

De plus en plus, je me détache des obligations de faire de la variété à tout prix. Jean-Michel Gaillard aime ma créativité qui, dit-il, pimente la grille des programmes. Il a du courage, cet homme-là. Il a imposé à 20 h 30 un magazine d'investigations, « Envoyé spécial », et ça marche. Il a installé Bernard Rapp et son « Assiette anglaise », un régal. Et lorsque les Carpentier me proposent de ramener Sylvie Vartan en Bulgarie, il m'encourage à me lancer dans ce projet compliqué où il faut tout faire venir de Paris : musiciens, matériel, sonorisation, caméras et micros. Près de quatre-vingts personnes embarquèrent pour ce voyage de l'émotion qui ramena Sylvie à ses souvenirs. Les Carpentier avaient fait de sa vie un conte de fées.

Nous passâmes trois jours à pleurer avec Sylvie. De joie lorsqu'elle retrouva la maison de sa grand-mère et de tendresse lorsqu'elle chanta à Sofia une berceuse en bulgare pour 4 000 inconditionnels, émerveillés qu'elle soit venue pour eux.

J'avais emmené Jean-Michel Gravier, le fidèle ami qui, pendant toutes ces années, avait testé sur moi sa gentillesse et son humour cinglant. Sylvie, qui ne le connaissait pas, le trouva formidable et s'en fit un ami.

Ces quelques jours d'émotion, les trois nuits blanches au montage des deux émissions qui suivirent, me firent nager dans le bonheur de faire un si beau métier.

Ma joie fut pourtant fauchée par une nouvelle qui aurait dû m'être favorable : la Haute Autorité ayant brutalement décidé de regrouper les deux chaînes publiques sous la houlette d'une seule superprésidence, il fallait trouver un super P-DG. Un nom s'imposa, celui d'Hervé Bourges, qui devint le président-directeur général de France Télévisions. FR3 et Antenne 2 furent rebaptisées France 3 et France 2, l'une rouge et l'autre bleue. Philippe Guillaume donna sa démission, suivi de près par Jean-Michel Gaillard. La récréation était terminée !

Pascal Josèphe, le fidèle chevalier d'Hervé Bourges débarqué en sauveur, me ramène brutalement à la réalité :

— Tu papillonnes trop, Marie-France, alors il va falloir appliquer la bonne vieille méthode : installer des rendez-vous et supprimer toutes les émissions de saupoudrage.

Il poursuit :

— Tu sais très bien qu'on a besoin d'un programme fort avant le journal de 20 heures. Alors tu vas contacter la société Grundy, ils ont un format ludique et pas débile.

Ça ressemble plus à des ordres qu'à une conversation… Et ce n'est pas fini.

— Il faudra aussi avoir un rendez-vous variétés chaque semaine.

Je l'interromps :

— Populaire et de qualité, je suppose.

La vieille maxime d'Hervé Bourges le fait encore sourire. Mais moi, je n'ai plus envie de rire. Et je leur déclare tout de go, au chef et à son lieutenant, que les variétés, ce n'est plus pour moi.

— Mais qu'est-ce qu'on va faire de vous ? s'exclame Hervé Bourges.

J'ai repéré sur une chaîne de radio du Sud de la France un garçon qui s'appelle Nagui. Je pense qu'il doit absolument nous rejoindre pour cette nouvelle émission. Il accepte. C'est la première fois qu'il va se présenter devant les téléspectateurs à l'heure fatidique du prime time.

Je rencontre les gens de Grundy, dont l'Australien inventeur du fameux jeu, colérique et grossier. Il me traite comme une merde. Je ronge mon frein et nous commençons rapidement à enregistrer. Nagui est très consciencieux, drôle et talentueux. Et abracadabra, « Que le meilleur gagne » est un gros succès !

C'est aussi le début des « études ». Hervé Bourges, cédant à la mode de l'époque, demande à un institut de sondage de faire une étude de notoriété sur Nagui. Une semaine après, une femme très BCBG vient rendre sa copie. Son rapport ressemble à un délit de sale gueule. Je me lève, ulcérée, et je la traite de méchante bonne femme avant de déchirer son mémoire. Hervé Bourges est médusé et amusé à la fois.

Mais « Que le meilleur gagne » fait un tabac et donne raison à Pascal Josèphe. Fort de son bon droit, il en rajoute une couche :

— Bon, ça y est, on le tient, notre accès, et puisque ça marche toute la semaine, on va le programmer le samedi aussi...

— À la place d'Ardisson ?

Là, je suis carrément en colère.

— Et « Drôle de zèbre », alors ?

Il lâche avec mépris :

— « Drôle de zèbre », c'est du parisianisme, vous faites des émissions pour vous et trois de vos copains avec l'argent du service public...

Là, il exagère.

— Mais tu es injuste, Pascal, « Drôle de zèbre » s'installe. C'est drôle. Thierry est très bon, et les deux qu'il a trouvés, Yvan Le Bolloc'h et Bruno Solo, le sont aussi.

Rien ne peut le faire changer d'avis.

— Si tu n'es pas capable d'annoncer la nouvelle à Ardisson, je m'en chargerai.

Si, comme je le croyais après toutes ces années de complicité sur TF1 et l'insistance avec laquelle il avait voulu que j'aille sur la 2, il y avait eu entre nous un peu d'amitié, il aurait tout de suite vu que je n'allais pas bien, et il m'aurait peut-être tendu la main au lieu de m'enfoncer comme ça ! Mais non, il est sur une autre planète, et il trace.

— Marie-France, il faut que tu te concentres. Pour commencer, tu ne cumuleras plus les deux directions, variétés et jeunesse. Je te retire la jeunesse. Ton seul job : les divertissements. Point barre.

J'ai l'impression d'être opérée sans anesthésie. Au lieu de m'écraser, je m'engage sur un terrain miné :

— Jacques Antoine me propose un nouveau jeu : une légende aztèque conduit les candidats à la recherche de statuettes sacrées qui les mèneront au trésor de Xapatan, dans l'État de Tampico, jusqu'en France…

Il n'est même pas surpris. Plutôt intéressé.

— Provoque une réunion avec Jacques Antoine, et si vous arrivez à convaincre le P-DG, banco. Mais vous devrez enregistrer dix épisodes d'un coup sans dépasser le budget imparti. On les diffusera en rafale, le vendredi soir, en attendant « Fort Boyard ».

Et nous voilà partis pour le repérage de ce qui va s'appeler « La Piste de Xapatan », Jacques Antoine et moi, direction Mexico, transfert à Tampico, et trois heures de piste pour rejoindre Rio Valdès. À l'hôtel, j'ai l'impression d'être dans un film, *Les Orgueilleux* avec Michèle Morgan et Gérard Philippe, par exemple.

Les pluies torrentielles retardent considérablement la construction des décors et la fabrication des épreuves. Je m'engueule avec Jacques parce que je voudrais introduire plus de légendes, plus de mixité. Lui me répond que le jeu est plus important que le lyrisme que je veux y mettre et que, de toute façon, il faut assurer les deux premières émissions.

Nous ne parvenons à installer les caméras que huit jours avant la diffusion de la première émission à l'antenne. Et il ne me reste plus qu'à allumer un cierge à l'autel de Santa Rita, à l'église du village, en oubliant pour le moment tout ce qui ne me plaît pas dans ce jeu trop manichéen à mon goût.

L'émission est en boîte. Pullicino et moi attrapons le minibus pour Tampico. À mi-chemin, un pneu éclate et nous loupons presque notre correspondance. De Mexico, l'avion d'Air France nous ramène à Paris. Nicole Covillers nous attend à l'aéroport pour nous emmener directement en salle de montage.

Dans la voiture, elle me raconte qu'Hervé Bourges lui a demandé pourquoi je n'avais pas tourné ce jeu dans la forêt de Fontainebleau ! Ça commence bien. La suite a lieu dès la diffusion de la première émission. Il me convoque dans son bureau :

— Comment avez-vous pu occulter la réalité d'un continent que vous connaissez bien ? Où sont les habitants ? Les Indiens ? Les coutumes ? Toutes ces valeurs que je vous ai toujours vue défendre, où sont-elles ?

Je suis mortifiée. Il a raison. J'ai cédé pour que le jeu existe, il m'aurait renvoyée si je n'avais pas rapporté l'émission à temps.

J'ai d'autres projets. Dans la foulée de « Que le meilleur gagne », nous créons « Taratata », douce errance musicale entrechoquant duos et moments magiques de musique. L'émission connaît un succès d'estime colossal, ce qui nous permet de ne pas trop nous inquiéter des chiffres d'audience. Et c'est tant mieux.

Le trio Nagui-Pullicino-Brière fonctionne bien.

Et pourtant, je vais mal. Les années accumulées, je les assume, mais la fille ne sait plus où elle va : est-elle un jour allée quelque part ? Tant qu'il va vite, le cheval ailé voit les décors défiler devant lui, mais quand il ralentit, les décors n'en finissent pas d'arriver. Je veux décrocher, écrire, comprendre… Alors, dans le néant, je fais des trucs bizarres, du genre photo avec tous les vétérans de l'audiovisuel qui célèbrent les quarante ans du 45 tour, comme si nous étions tous à moitié morts. Les frères Armanet, organisateurs du cliché pour le *Nouvel Obs*, prétendent le contraire. Pour eux, c'est une photo collector, puisqu'il n'y aura pas plus de tirages que de protagonistes.

L'idée d'écrire un bouquin me taraude mais je ne pense pas être capable de l'écrire seule. J'ai besoin d'un miroir, et je choisis le plus méchant des méchants : le scénariste Jean Curtelin. Pour lui, je dois être la cible à abattre. Mais quand je le rencontre, je me dis que je ne fais pas le poids.

Je l'emmène salle Wagram assister à la très belle et très chic émission de Frédéric Mitterrand, histoire de lui montrer mon bon côté.

Il n'est pas dupe. Lui s'amuse de me voir m'agiter dans le marigot du PAF. Moi, je rêve d'un bouquin écrit à deux mains et deux façons de voir diamétralement opposées. Il n'est visiblement pas passionné par le projet et disparaît quelque temps pour écrire le prochain spectacle de Robert Hossein.

Après la huitième émission de « Xapatan », et malgré une moyenne d'audience de 25 % de part de marché, Hervé Bourges me dit que la série ne sera pas renouvelée. Je le savais dès le premier jour, mais je décide de finir en beauté, et j'embarque avec moi tous les animateurs de la chaîne pour trois jours.

Groggys après vingt-cinq heures de voyage et avec un sacré décalage horaire, Gérard Holtz, Patrice Laffont, Henri Sannier, Georges Beller, William Leymergie et Daniela Lumbroso rejoignent Sophie Davant à l'assaut des statuettes. Il faut écrire des morts glorieuses pour chacun d'entre eux car, à la fin, un seul survivra. Mais ils veulent tous être celui-là. Nous finissons en apothéose avec une audience qui nous place en tête le soir de la diffusion.

Je reviens de loin, et je comprends mon inconscience d'avoir embarqué les principaux animateurs de la chaîne au risque d'une rupture d'antenne : j'ai failli en perdre la moitié. En effet, sur la piste du retour, sur les deux voitures qui nous ramènent vers Tampico, seule la mienne arrive à l'aéroport, et j'ai les billets d'avion de tout le monde en poche. Dix minutes avant le départ, nous voyons une bétaillère se traîner péniblement jusqu'à nous. Un paysan en descend. Il fait le tour du véhicule et ouvre la porte-barrière en bois, libérant Georges Beller, Gérard Holtz et William Leymergie, couverts de paille. Ils étaient tombés en panne avec leur limousine juste au moment où ce paysan déposait ses bestiaux au pâturage.

De retour à Paris, je suis séduite par une nouvelle idée des Carpentier dans la lignée des grands retours. Il s'agit cette fois-ci d'emmener Charles Aznavour en pèlerinage en Arménie et d'y organiser un concert, comme nous l'avions fait pour Sylvie Vartan.

À mon très grand regret, je n'ai jamais pu convaincre Hervé Bourges de la nécessité de ce beau projet. Il était probablement las de mes trop nombreux déplacements. Pourtant, je n'allais pas tarder à voyager à nouveau, et cette fois avec la bénédiction du patron.

L'Eurovision pointait à nouveau son nez et il s'agissait de faire aussi bien qu'à Zagreb. Avec une contrainte supplémentaire : améliorer le classement de la France, mais surtout ne pas être premiers. C'était la dernière exigence d'Hervé Bourges, et il avait raison.

Gagner l'Eurovision, ça veut dire être obligés d'organiser le concours l'année d'après. Et ça coûte horriblement cher. En fait, il exigeait la notoriété sans les inconvénients.

Je tournais en rond depuis quelques jours quand les Américains envahirent l'Irak, entraînant avec eux la plupart des pays occidentaux. Je fus troublée par cette lutte Orient/Occident. C'est à ce moment-là que je pensai à Amina. Je l'avais rencontrée chez Mano, à Agadez, au cours d'un dîner réunissant l'équipe du film de Bertolucci, *Un thé au Sahara*. Elle m'avait impressionnée quand, à la fin de la soirée, elle s'était mise à chanter.

En revivant ce moment magique, je me dis que jamais je ne trouverai de meilleure ambassadrice pour représenter la France à l'Eurovision.

Avant de composer son numéro de téléphone, je repensai à la première du *Thé au Sahara* à Paris. Mano m'avait demandé d'accompagner Paul Bowles à la projection, qui avait été suivie d'un dîner au ministère des Affaires étrangères.

Plongée dans ces souvenirs, j'appelai Amina en pleine nuit.

— Amina, il faudrait que tu ailles à l'Eurovision pour chanter tout ce qui ne va pas !

J'y allais un peu fort. Elle répondit sur le même ton :

— Et qu'est-ce que tu veux leur dire ? Que c'est le dernier qui a parlé qui a raison ?

— Mais c'est ça, la chanson, ça doit commencer comme ça : « C'est le dernier qui a parlé qui a raison ». Et moi je t'emmène à Rome, et toi tu gagnes…

Elle demanda trois jours de réflexion qui me parurent trois siècles. Puis elle accepta de tenter l'aventure. Elle composa la chanson qui donnait une suite à notre conversation nocturne :

« C'est le dernier qui a parlé qui a raison, dans ta maison,
Dis-moi au nom de quelle nation tu lèves le ton,
La vérité se cache le front,
Comme un silence qui en dit long… »

Hervé Bourges était content. Il débloqua un budget pour faire un clip. Je serais bien allée le tourner au Ténéré mais je n'osai pas le lui demander.

Le concours avait lieu à Rome. Nous y arrivâmes cinq jours avant et la surprise fut grande de découvrir que les bookmakers donnaient Amina gagnante ! Bertolucci avait chauffé la presse et, l'effet *Thé au Sahara* aidant, elle fit la une de tous les journaux. Ça tournait à l'opération culte avant même le début du concours. Nous, on tombait des nues. Jean-Paul Gaultier nous accompagnait. Il avait créé pour Amina un tailleur strict, mais l'idée géniale avait été d'y ajouter un grand foulard de soie dont elle se servait comme d'un voile de danse du ventre.

Pour commenter l'Eurovision, je choisis Léon Zitrone. Il avait les intonations des grandes célébrations royales qui décalaient génialement la cérémonie. Nous retransmettions les commentaires, aussi inconfortablement installés que les équipes de télévision des autres pays, coincés dans des cages à poules dominant la scène. La tension monta pendant l'énumération des points, atteignant son paroxysme lors du dernier vote. De manière incroyable, la chanteuse hollandaise et Amina étaient premières *ex-æquo*.

— Que dit le règlement ? s'exclama Léon Zitrone.

Eh bien, le règlement prévoit que tout le monde doit revoter. Et c'est le défilé des *« One point, two points, three points… »*

Quel suspense ! Certains pays qui avaient voté pour Amina au premier tour s'abstenaient au second tandis que d'autres votaient pour elle pour la première fois. Aucun score individuel n'évoluait pareillement. Et pourtant, à la fin des comptes, elles arrivèrent à nouveau avec le même nombre de points… C'était le délire !

Pour trouver une gagnante, et surtout un pays organisateur pour l'année suivante, on fit appel à un chapitre oublié du règlement stipulant qu'il n'y a pas de troisième tour et que le vainqueur est celui qui a gardé le plus grand nombre de votants au premier et au second tour. Un peu tiré par les cheveux, mais cela permit de déclarer la Hollandaise gagnante et Amina sa dauphine.

La salle était debout, dans un brouhaha incroyable. Dans sa cage de verre, Léon Zitrone frisait l'apoplexie, et c'est dans une semi-syncope qu'il exulta :

— Mesdames et messieurs, depuis ce soir Amina est la voix de la France !

À notre retour, Hervé Bourges avait organisé pour la première fois une petite réunion en mon honneur au siège de la présidence. Un cocktail pour me remercier de n'avoir pas été première. À nous les honneurs, à la Hollande la charge de tout organiser la prochaine fois.

La chanson fut un gros succès et pendant quelques mois, je ne revis pas Amina, occupée à sillonner l'Europe.

Ma mégalo reprenait le dessus.

Après avoir réuni Nagui et Jean-Luc Delarue, prêté par Europe 1, pour présenter « Les Victoires de la musique » et après que l'émission eut remporté un vif succès, je fus persuadée que Jean-Luc viendrait nous rejoindre. J'organisai donc un rendez-vous dans le bureau du P-DG avec mon nouveau poulain. Bien imprudente…

Alors que le taxi s'approchait de l'avenue d'Iéna, siège de la présidence de France Télévisions, Jean-Luc m'annonça qu'il ne ferait pas partie de la team parce qu'il avait choisi Canal+. J'eus l'impression de me retrouver sur un bateau sans gouvernail en pleine tempête. Et au lieu d'avoir envie de le tuer, je demandai lamentablement :

— Pourquoi tu ne me l'as pas dit avant ? Hervé Bourges déteste l'échec.

— Mais personne n'aime l'échec, Marie-France !

J'aurais bien aimé me casser une jambe dans l'escalier d'honneur. Mais non, le P-DG était en haut des marches, l'air content de nous voir. Jean-Luc, par compassion pour moi, fut diplomate :

— Je voudrais réfléchir encore un peu avant de prendre une décision.

Hervé Bourges avait l'air très détendu. Je n'y comprenais plus rien.

— Mais c'est tout à fait normal. Je vous remercie d'être venu me voir. Réfléchissez, nous vous attendrons. Marie-France, je vais vous demander de rester un peu après le départ de Jean-Luc…

Patatras, je n'en menais pas large.

— Je voulais vous voir toute seule pour vous apprendre une nouvelle qui sera dans tous les journaux demain…

Dans ma paranoïa, je pensai à l'annonce de mon renvoi.

— Voilà, dit-il d'un air enjoué, je viens d'être nommé président du CSA… pour neuf ans !

19

PROMESSE TENUE ET GARDE À VUE

Gainsbourg est mort. Je suis écœurée, dégoûtée, triste, quoi.

Mais c'est une autre mort qui m'occupe. Celle de Carlos Monzón.

Delon, l'organisateur de ses grands combats, se fait un devoir d'expliquer sur toutes les chaînes de télévision sud-américaines la vie, la carrière, le destin du boxeur. Avec le décalage horaire, nous devons enregistrer le soir. Il vient me chercher tous les soirs vers 20 heures à France 2, avenue Montaigne. Nous dînons vite fait au Bar des Théâtres et nous traversons le pont de l'Alma au pas de course, direction rue Cognacq-Jay, siège de TDF.

Un satellite nous relie à l'Argentine, à la Colombie, à l'Équateur, au Pérou ou au Chili, voire au Costa Rica, à Puerto Rico, au Venezuela ou au Mexique. En escaladant les fuseaux horaires, j'ai ainsi l'impression pendant une semaine de vivre deux fois : la nuit en France et le jour là-bas, où je suis à la fois la traductrice et l'organisatrice de moments donnés par Delon à ces pays qui le vénèrent. Tout simplement pour rendre hommage à un ami.

C'est à ce moment-là que j'ai tenu ma promesse à Serge. J'ai demandé à Jean-Louis Remilleux de produire un « Spécial Brigitte Bardot », dans lequel j'interviens pour qu'elle parle de Gainsbourg. Je m'enferme avec elle quelques minutes, le temps de lui expliquer ce qu'il m'avait demandé avant sa mort. Le show est tellement tendre et tellement poignant qu'il est immédiatement rediffusé sur Arte. Elle y raconte comment elle est tombée amoureuse de Gainsbourg, comment il a composé pour elle *Je t'aime moi non plus*, comment ils ont enregistré ce duo et comment, effrayée par la force du résultat, elle lui a demandé de ne pas sortir le disque et de l'enfermer dans un coffre-fort, comme un trésor de guerre.

Ça y est, il doit être content. Elle l'a aimé plus qu'un peu. Et si un jour je rejoins Gainsbourg dans un enfer d'enfer, je pourrai lui montrer un énorme agrandissement de la photo de lui et de Bardot prise pendant l'enregistrement de *Je t'aime moi non plus* qu'elle m'a envoyée à l'issue de l'émission, avec cette dédicace : « En souvenir d'un souvenir ».

À ma grande surprise, Jean Curtelin se manifeste. Il vient de finir d'écrire la nouvelle pièce montée par Robert Hossein. Ce fou a imaginé que pendant le spectacle, le public pourrait voter pour ou contre la mise à mort de Marie-Antoinette ! Théâtre-réalité avant la lettre où bien souvent les spectateurs acquittent la reine, ce qui lui évite d'affronter virtuellement l'échafaud.

La pièce a un succès énorme et je dois ravaler mon envie d'apostropher Curtelin :

— Alors, le bouquin, on le commence quand ?

Après le départ d'Hervé Bourges, j'étais redevenue un électron libre, et c'est sans vergogne que, pour le garder dans mon cercle, je lui proposai d'écrire un feuilleton. Il parut amusé, et même intéressé.

— Mais tu as le sujet ? me demanda-t-il.

— Moi non, mais Annie Cordy, oui...

Il me regarda, interloqué.

— Tu sais, sur un plateau de variétés, entre deux chansons, on attend souvent un moment, suffisamment longtemps pour qu'Annie me raconte une histoire de famille incroyable : la saga de trois générations de patrons de filatures du Nord. Grandeur, décadence et compromission de ces gens-là qu'elle a baptisés les « Dresler ».

— Ça peut être pas mal, dit-il. Organise un dîner avec elle et, pour une fois, n'arrive pas en retard, je ne veux pas me retrouver en tête-à-tête avec quelqu'un que je ne connais pas. C'est à toi de faire les présentations.

Je promets d'être à l'heure et, le soir venu, je rentre tôt chez moi prendre un bain et, pour faire honneur à mes deux invités, j'enfile un tailleur Saint-Laurent. Le dîner doit avoir lieu, selon le souhait de Curtelin, au Café de la Poste, le nouveau restaurant de Jacques Collard.

J'appelle un taxi et, en l'attendant, je descends promener mon chien. En bas, le boulevard Magenta est un festival de gyrophares. Deux cars de flics passent en hurlant devant ma porte. Quatre policiers s'agrippent à deux jeunes Arabes et les tabassent. Je remonte avec le chien et, dans l'ascenseur, je me fais la promesse que s'ils sont encore là lorsque je redescends, je m'en mêle.

La bagarre continue, même si les Arabes sont un peu sonnés. J'arrive sur mes talons aiguilles, je tape sur l'épaule d'un des flics et lui dis d'une voix suave :

— Arrêtez de vous acharner sur des hommes sans défense.

Il se retourne brutalement et me jette à terre :

— Ne vous mêlez pas de ça.

Je tente de me relever, mais déjà un autre flic me met les bras derrière le dos et me menotte. J'aperçois au loin le taxi qui m'attend. Je ne le reverrai pas. Je suis transportée comme un paquet dans un des fourgons, qui démarre en trombe.

La soirée commence bien !

Les choses se calment un peu lorsque le panier à salade ralentit devant le commissariat du Xe arrondissement. Un flic me libère, la pression retombe…

— Vous pouvez vous en aller…

J'éructe :

— Vous rigolez, vous ne m'avez pas amenée ici aussi brutalement pour me libérer. C'est trop facile, et d'abord, je suis trop loin de chez moi pour rentrer à pied, et trop éloignée de votre façon de penser pour vous comprendre.

Son visage se crispe et l'agitation reprend. Je suis débarquée *manu militari* et j'escalade les marches, hissée par les bras, comme dans un film en accéléré de Chaplin. Une porte s'ouvre et on me jette sur une chaise. En face de moi, un homme brun, trapu, fume le cigare.

— Nom, prénom, adresse, situation de famille…

Je le regarde :

— Vous avez le droit de me demander tout ça ? Est-ce un interrogatoire ?

Il ne me répond pas. Moi, je commence à me la jouer, comme dans un film.

— Eh bien, je ne vous dirai rien…

En silence, il appuie sur le bouton d'un Interphone :

— Envoyez-moi un agent féminin, c'est pour une fouille.

Entre une blondasse, jupe mal taillée, pistolet à la ceinture. Elle me prend par le bras en serrant bien fort. Nous sortons de la pièce enfumée pour entrer dans une autre, vide, aux murs verts et à l'odeur de mort.

— Déshabillez-vous.

À ce moment, je ne sais pas trop comment aborder le rôle. À vrai dire, je commence à en avoir assez de tout ça. Et je pense à Annie Cordy et Jean Curtelin qui, dans un tête-à-tête forcé, m'attendent au restaurant.

— Ne m'oblige pas à t'aider. Tes beaux habits pourraient en prendre un coup.

Pourquoi elle me tutoie, celle-là ? Je ne la connais même pas. Mes habits tombent à terre. Je suis rouge de honte. Elle s'empare de ma veste et fait tomber ma carte de crédit et mon trousseau de clés.

— Rhabille-toi.

Je tremble. Elle sort et m'enferme. J'attends cinq minutes. Deux hommes viennent me chercher et me ramènent à l'homme au cigare. Il pianote sur son clavier, reluquant ma Gold posée sur la table.

— Ça aurait été plus simple de décliner votre identité…

J'en ai marre, je n'ai plus envie de jouer.

— Je peux partir, maintenant ?

— Ah, il va falloir que je téléphone au procureur de la République, c'est lui qui décidera.

— Je peux appeler mon avocat ?

Il ne répond pas et sort de la pièce. J'entends à nouveau le bruit d'une clé dans la serrure. J'observe le bureau. Pas le moindre téléphone. Je me lève pour éteindre la lumière criarde, histoire de souffler un peu. Et je provoque par ce geste la panique chez les hommes bleus. La porte s'ouvre à nouveau brutalement et ils apparaissent, tels des boys dans une revue, entourant le héros : l'homme au cigare.

— Puisque vous aimez le noir, on va vous mettre au trou. Des emmerdeuses comme vous, on n'en a pas besoin, avec tout le travail qu'on se colle pour protéger la population. Il est temps que vous réfléchissiez à votre connerie.

Je ne dois pas faire partie de la population. Ils ne me protègent pas, ces gens-là. Au contraire. Je suffoque.

Je suis soulevée de terre par huit bras et je dégringole l'escalier jusqu'à la cave. Une odeur d'urine et de vin frelaté me prend à la gorge. Une lourde porte se referme sur les cris d'un verrou grinçant.

Je suis terrifiée, assise sur une espèce de lit de pierre. J'entends des râles et des phrases abjectes. Je suis prise de panique à l'idée de ne pas être seule dans la pièce. Je n'y vois rien, c'est le trou noir. Je n'ose pas me lever. La seule chose que je peux faire, c'est crier.

Mes hurlements sont si forts que j'ai l'impression qu'ils transpercent les murs, réveillent ma mère et, je l'espère, vont troubler le dîner Cordy/Curtelin qui touche à sa fin. Je hurle, je hurle. Je suis en transe, je pleure, je hurle pendant longtemps, très longtemps.

Les parois de mon cachot ne montent pas jusqu'au plafond, ce qui me fait partager la sordide proximité avec les autres :

— Si tu ne la fermes pas, on te fait la peau.

Mes hurlements reprennent, je sanglote, je manque d'air.

Au bout d'une éternité, le lourd verrou fait de l'exercice et, par l'entrebâillement de la porte, j'entrevois deux flics. J'ai envie de leur sauter au cou.

— Merci, oh ! merci, je vais enfin pouvoir sortir d'ici…

Je suis dégoulinante de reconnaissance, et même l'homme au cigare, je le trouve sympa.

— Oui, vous allez pouvoir sortir d'ici, laisse-t-il tomber, assez énigmatique.

Je me retrouve à l'accueil, entourée par quatre policiers qui me paraissent bon enfant. Je suis soulagée, je vais pouvoir dormir et oublier tout ça. Un cinquième arrive, muni d'une grande enveloppe en papier Kraft qu'il remet aux autres.

— Allez, on y va.

La cour du commissariat me paraît accueillante. On se dirige vers un car de police et je trouve très chic de me faire raccompagner chez moi dans un panier à salade.

Nous descendons le boulevard Magenta, je suis contente, et en chantant je leur indique que j'habite un peu plus loin, à gauche. Ils éclatent de rire et le chauffeur accélère brutalement. Je suis projetée sur la banquette arrière et je vois les lumières de ma rue s'éloigner.

À la hauteur de Châtelet, ils en rient encore.

— Où m'emmenez-vous ?

— Ah, tu as peur. T'inquiète pas, on ne va pas te violer.

Mes mâchoires sont coincées, fermées. Mon cœur bat, ou plutôt, j'ai mal au cœur.

Boulevard du Port-Royal, le car tourne rue de la Santé, contourne la bâtisse et se positionne devant une lourde porte blanche qui se soulève. Le fourgon s'engouffre dans un énorme ascenseur qui monte lentement. La porte arrière s'ouvre sur un couloir aux lumières jaunes.

Deux hommes en blanc me réceptionnent. Le silence pèse trois tonnes. Au bout du couloir, une énorme salle de bains, blafarde, surdimensionnée. Une immense baignoire avec de gros crochets et des sangles.

Je suis à nouveau déshabillée, en silence, et on m'enfile une camisole qui immobilise mes bras. J'ai un chapeau de meunier sur la tête et des gants de pieds en feutre blanc.

Je me retrouve ensuite assise dans un bureau, face à un homme en blanc, lunettes cerclées, teint jaune et air désabusé.

La situation est tellement incroyable que j'en ressens la gravité. Surtout, ne pas faire l'intéressante, retrouver un calme absolu, passer le plus inaperçue possible.

— Où suis-je ?

Il me regarde. Ses yeux sont incroyablement intelligents…

— Vous le savez bien.

Ma voix redevient douce mais je l'entends trembler.

— Non, monsieur, je vous l'assure, je ne sais pas.

J'esquisse un sourire.

— En fait, j'ai l'impression d'être chez les fous.

La sentence tombe :

— Vous êtes dans le service psychiatrique de la prison de la Santé et je suis le psychiatre de garde…

Mon instinct de survie me dit qu'il faut absolument que je cesse de trembler. Il m'observe, je dois à tout prix le convaincre que je suis en pleine possession de tous mes moyens. Ne pas attaquer, ne pas me plaindre, encore moins me justifier. Hurler à l'injustice n'est pas bon, seul le calme peut me sauver.

— Pourrais-je appeler quelqu'un ?

— Vous savez bien que non.

À l'intérieur, je bous. Pourquoi faudrait-il que je sache que non ! J'ai l'impression que je vais disparaître de la circulation. Je dois absolument montrer à cet homme que je n'ai pas peur, mais qu'il ne doit pas non plus craindre mes réactions.

— Et qu'est-ce qui va se passer, maintenant ?

Il n'est ni rassurant ni menaçant, il m'informe, simplement :

— Demain matin, un médecin aura un entretien avec vous. Vous subirez quelques examens qui expliqueront peut-être votre démence de la soirée.

Surtout me contenir, ne pas lui dire que je n'ai pas encore pris l'habitude de passer mes nuits dans le cachot du commissariat du Xe arrondissement. Je dois absolument inspirer confiance.

— Vous savez, ce coup de téléphone que je voulais passer, ça n'était pas à un avocat, simplement à un ami qui m'est très cher et qui habite très loin. Il a dû appeler chez moi et il doit s'inquiéter. Laissez-moi le rassurer.

Je m'entends parler. Je suis assise, droite sur ma chaise, digne. Il me tend le téléphone. Je lui souris pour gagner du temps, pour que mes doigts ne tremblent pas en composant le numéro du prince du désert, en

Tunisie. Il est plus de 3 heures du matin, et s'il n'est pas là…

— Allô ?

Je le réveille, c'est sûr.

— C'est moi.

Je fixe le psy.

— Peux-tu joindre Jean-Paul pour qu'il m'appelle au…

Droit dans les yeux mais sans animosité, je demande au psy :

— À quel numéro il peut nous joindre ?

Il a l'air plus intrigué que surpris. En tout cas, à son regard, j'ai l'impression qu'il ne me prend pas pour une folle.

— Qui va m'appeler ? demande-t-il.

— Jean-Paul Huchon, c'est un ami, lui seul peut m'aider, si je suis encore aidable…

Un long silence, puis :

— Pourquoi ne pas l'avoir appelé directement ?

— Parce que je ne connais pas son numéro par cœur.

Pendant tout ce temps, je suis restée connectée avec Hamadi par le souffle. Pas besoin d'explication, il a dû comprendre. Et tout à coup, le psy donne le numéro où on peut « nous joindre ».

Je raccroche et essaie de ne pas me recroqueviller sur ma chaise. Il rompt le silence :

— Qu'est-ce qui vous a pris ?

— Je ne sais pas. D'abord un jeu, et très vite le cauchemar.

— Il ne faut pas jouer avec ça, c'est très dangereux.

J'étouffe un regain de révolte. Je regarde fixement le téléphone. S'il ne sonne pas, tout est à recommencer.

Le timbre est strident. Mon cœur est en miettes. J'espère que le bac +11 qui me fixe si intensément ne s'en est pas rendu compte.

Il décroche le combiné lentement, son regard ne me lâche pas.

J'assiste à une litanie de « oui… », « non… », entrecoupée de longs silences. À la fin, un « Entendu… bonsoir », et il raccroche. Ses yeux sont encore posés sur moi. Ne pas poser de questions, attendre.

— Un fonctionnaire du ministère de l'Intérieur viendra vous prendre demain matin, ou plutôt tout à l'heure, vers 6 heures.

On me conduit dans une pièce glacée. Il y a deux lits. On m'enferme, mais j'ai l'impression que c'est pour me protéger, cette fois. Je prends la couverture rêche et grise du second lit pour avoir moins froid et j'essaie de dormir au milieu de bruits étranges et étouffés.

L'homme qui vient me chercher ressemble à un croque-mort. Seul bémol, sa voiture est blanche.

Il me demande si je veux m'arrêter prendre un café ou rentrer directement chez moi. Pas question de partager un petit déjeuner avec cet homme-là ! Il a l'air tellement triste. Je me demande si son boulot consiste à venir chercher à l'aube de pauvres hères comme moi.

Je ne suis pas en forme, surtout de l'intérieur. Je me sens sale. J'ai hâte de retrouver ma baignoire à taille humaine.

Le bain dure des heures, interrompu par un premier coup de fil de Jean-Paul Huchon, que je remercie infiniment. Jean-Paul, que je connais depuis la première année des Restos du cœur, qui depuis est devenu le chef de cabinet de Michel Rocard et qui a dû intervenir en ma faveur dans un gouvernement de droite fraîchement installé. Il est en colère…

— Ma vieille, tu as intérêt à te calmer. J'ai dû appeler Nicolas Bazire en pleine nuit, tu imagines le grand écart idéologique…

Je l'aime infiniment mais je ne peux pas m'empêcher de ne pas me calmer, justement…

— Jean-Paul, quel est le nom de ce procureur de la République qui, en plein milieu de la nuit, a choisi de m'envoyer chez les fous sous prétexte que les cachots du commissariat du Xe arrondissement m'effrayaient ?

Je sens qu'il en a marre de ma conversation à la noix.

— Mais tu as franchi la frontière. Tu crois qu'ils ont le temps de faire la différence entre une provoc' gâtée et les vrais méchants ?

Je ne dis plus rien. Je lui suis trop reconnaissante de m'avoir sortie de ce cauchemar.

— Ils vont te convoquer au commissariat, peut-être vont-ils te demander de signer un genre de lettre d'excuses… Écrase-toi…

Je me replonge dans la mousse. Le téléphone sonne à nouveau. C'est Pascale, mon assistante.

— Marie, comment ça va, ce matin ?

Heureusement, le visiophone n'existe pas encore.

— Vous n'oubliez pas que vous déjeunez avec Dominique Ambiel et Philippe Poiré, ils viennent de confirmer.

— Où est-ce ?

— À la Maison blanche.

J'éclate de rire. Le passage du cachot au palace vaut le détour.

— OK, j'y serai. Mais avant, je vais passer au bureau, j'ai envie de vous voir…

Elle n'en saura pas plus. Le seul à qui je vais tout raconter, c'est Jean Curtelin, ne serait-ce que pour calmer la rage qu'il hurle au téléphone.

— Tu te crois tout permis parce que tu fais un métier de con et que tu prends tout le monde pour de la merde. Mais avec moi, ça ne marchera pas. Au moins, t'avoir connue me permettra d'écrire mon prochain roman, et tu ne vas pas être déçue par le personnage. Tu verras que je suis capable de concevoir une héroïne encore plus moche que ta réalité.

Pour la réalité, il va être servi. Mon récit, aussi fou soit-il, sent le vrai. Il est abasourdi !

— C'est comme ça qu'il faut commencer le bouquin, résume-t-il.

C'est la première fois depuis longtemps qu'il me parle de notre bouquin comme d'un projet sérieux… Mais moi, j'avais rêvé d'écrire une comédie musicale. J'essaie d'argumenter.

— Comment veux-tu rêver après ça ? Et moi, si je ne rêve pas, je crève.

Il me devança, une crise cardiaque eut raison de lui et le livre fut envoyé aux oubliettes.

20

VENTOUSE ET TOUT S'ANIME

L'ascenseur qui mène au restaurant Maison blanche, au sommet de l'immeuble du théâtre des Champs-Élysées, n'a pas grand-chose à voir avec le monte-charge de la prison de la Santé. Et je ne passe pas de l'un à l'autre calmement. J'ai froid à l'intérieur lorsque la porte s'ouvre sur l'atmosphère feutrée d'un paradis privé. Les maîtres d'hôtel en queue-de-pie noire virevoltent dans un luxe blanc.

Les plats défilent, sobres et snobs. Je prends mon temps pour déplier une serviette immaculée sur mes genoux tremblants. Les deux hommes qui m'entourent, l'un brun, Philippe Poiré, et l'autre blond, Dominique Ambiel, sont à la tête d'un très gros groupe de production audiovisuelle, Expand. Ils viennent de racheter la société de Jacques Antoine et, par la même occasion, le célèbre « Fort Boyard ». Je pense qu'ils veulent connaître un peu mieux celle qui a tant cru à ce jeu. Je suis tellement déglinguée aujourd'hui que quelques compliments ne se refusent pas. Et en effet, ça commence bien :

— Écoute, Marie-France, on te trouve formidable...

Et tout à coup, ça dérape vers l'inconnu :

— Si formidable qu'on voudrait te dire qu'on a besoin de toi !

Je me demande encore si mon bain aux huiles essentielles a effacé toutes ces odeurs de vomi et de peur de la nuit dernière.

— Mais besoin de moi pour quoi ?

Et si je leur disais : « Voudrez-vous toujours de moi lorsque je vous aurai raconté ma garde à vue ? » Mais je me contente d'un sourire niais. Eux sont intarissables.

— Vraiment, nous avons besoin de quelqu'un comme toi, pour créer, pour entreprendre...

Je suis tellement paranoïaque que je crois au complot. Peut-être ont-ils signé un pacte avec Jean-Pierre Elkabbach, le nouveau P-DG de France Télévisions, pour se débarrasser de moi ?

— Qu'est-ce qu'on peut faire pour te convaincre ? insistent-ils.

— Je ne sais pas, peut-être me laisser un peu de temps pour réfléchir.

Mais réfléchir à quoi ? Ils m'ont au moins ouvert les yeux. Je n'ai plus rien à faire à France 2. Pour la nouvelle direction, j'appartiens au passé, celui d'Hervé Bourges. Mais moi, je ne veux pas que mon départ soit lié de près ni de loin au sien. Je partirai après, mais pour quoi faire ? Des variétés ? Certainement pas. Alors quoi ? Et si j'en profitais pour écrire ce bouquin que je n'ai jamais pu commencer ? Il me faudra bien une année sabbatique pour essayer de comprendre quelque chose à ma vie, sans le guide Curtelin qui a éclaté en vol, un matin, sans crier gare.

Mano aussi est mort en vol, dans l'avion qui m'avait si souvent transportée de Niamey à Agadez. Ma peine est solitaire. Il y a très longtemps que je n'ai pas pleuré, de peur de mourir. Ce soir, je pleure pour continuer à vivre.

Je vends mon appartement pour payer mes dettes et me sentir libre. Libre d'appeler le prince arabe et lui dire que j'arrête tout pour venir écrire chez lui, à Monastir. Il est content, je crois. Je lui expédie mes disques les plus précieux, histoire de lui faire comprendre que ma décision est prise. Et pour le convaincre encore plus, je débarque pour un week-end de repérage en Tunisie.

Pour me faire plaisir, le prince a invité tous les créateurs des *Mille et Une Nuits*. Nous déjeunons dans le jardin et l'odeur du jasmin, le goût du thé à la menthe et les délices des cornes de gazelle nous plongent dans une euphorie créatrice digne d'une nouvelle Shéhérazade libérée, revisitée, qui vivrait ses aventures au lieu de les raconter pour sauver sa peau.

Sleh, qui sera le génial créateur de tous les personnages, crayonne déjà, et Shéhérazade rayonne. Elle est rousse, magnifique. À côté d'elle, un petit lutin, complice de ses rêves et doué du pouvoir des éfrits, s'apprête à sortir de la lampe.

Avant de reprendre l'avion pour la France, je me sens si légère et joyeuse que j'appelle tout naturellement Dominique Ambiel.

— Vous voulez toujours de moi ?

— Oui, bien sûr !

— Et je pourrai faire ce que je veux ?

— J'espère bien…

— Et même plus de variétés si je le veux…

— Si tu n'en as plus envie…

— Et peut-être que je pourrai faire un dessin animé ?

— Si tu en as envie, oui… Et bien d'autres choses. On t'attend !

Je me sens pousser des ailes. À nouveau j'ai envie d'entreprendre, de créer. J'écris ma lettre de démission, la troisième déjà, dans une euphorie totale. Et les trois mois de préavis me semblent légers.

Je fais quand même un aller-retour à Londres pour signer au nom de France 2 le contrat d'un concept qui deviendra « La Brosse à dents » pour Nagui, histoire de ne pas le laisser tomber.

En rentrant à Paris, je trouve dans ma boîte aux lettres le premier exemplaire d'un magazine intitulé *Ailleurs*. C'est un de mes copains qui en est le rédacteur en chef. Je le feuillette afin de pouvoir lui dire très vite ce que j'en pense. C'est un défilé de maisons à vendre, mais ce ne sont pas des annonces immobilières, simplement des propositions de notaires de province. Je tombe en arrêt devant une longue et grande façade qui me plaît beaucoup. L'annonce précise qu'il s'agit d'une maison de famille. Une information peut-être démentie par cette photo sur laquelle on voit une DS des années soixante garée à gauche, face à la façade. La voiture d'un vieux beau solitaire. Une maison de famille sans famille, ça me va. La vente de mon appartement m'a laissé quelques liquidités. J'appelle le notaire concerné :

— Je bloque !

Il traduit pour moi : il s'agit d'une promesse de vente, ce qui signifie qu'il doit recevoir dans les plus brefs délais un chèque correspondant à 10 % du montant de la vente.

— OK, vous le recevrez demain.

Avec un certain panache, je le rédige et le poste sans attendre. Je ne m'aperçois qu'après coup que j'ai complètement oublié de lui demander où était la maison !

La première chose qui m'attend, dans la nouvelle société que je dirige et qui s'appelle Tilt, c'est « Fort Boyard ». Ce jeu auquel j'ai tellement cru et que j'ai imposé malgré les frilosités de la direction de France 2, maintenant, j'en suis le producteur. Donc il faut lui donner de l'air, lâcher les amarres. Je n'ai aucune notion de la fameuse marge qui obsède les producteurs, non, moi je crois qu'il faut investir pour gagner cinq ou six ans de plus de bonnes audiences.

Et je n'y vais pas avec le dos de la cuillère. Nous rénovons une quinzaine de cellules et ajoutons trois ou quatre autres épreuves, grand spectacle garanti. Je suis sur place pendant tous les enregistrements, d'autant que cette année, des artistes connus viendront chercher l'argent nécessaire aux associations qu'ils défendent.

Les sondages sont extraordinaires, ce qui me donne une très grande liberté vis-à-vis de France 2. Il est vrai que ma démission ne leur a pas coûté beaucoup d'argent, et ils sont ravis. J'en profite pour leur demander quelque chose. Je n'ai pas oublié mon vœu le plus cher : inventer, créer et produire *Princesse Shéhérazade*. Je me lance. Et me voilà dans le bureau du directeur des productions.

— J'aimerais me lancer dans l'aventure d'un dessin animé avec les graphistes et auteurs tunisiens qui avaient créé pour moi *Les Mille et Une Nuits*.

— Ça va ? Tu te sens bien chez Expand ?

Il fait diversion ou quoi ? J'aurais préféré qu'il me demande si je comptais produire mille et un épisodes, tant je me sens libre dans ma nouvelle entreprise. Mais je la joue normale, lucide.

— Tu te souviens qu'on était partis pour treize épisodes des *Mille et Une Nuits* ?

— Oui, et ça avait bien marché. Au fait, pourquoi, en tant que responsable de la jeunesse, tu n'en as pas commandé plus ?

Je suis super à l'aise pour répondre :

— Parce que c'était produit *cheap*, que les auteurs et graphistes tunisiens étaient très malheureux, et qu'ils auraient abandonné, à la grande joie du mauvais producteur qui voulait être calife à la place du calife. Mais tu vois, moi, j'aimerais tenter dans un premier temps les treize épisodes avec eux, même si je me sens capable de les mener bien plus loin encore…

Sa mine se renfrogne, il vient de se rendre compte qu'il a affaire à une productrice.

— Je te signe une convention d'écriture pour treize épisodes, on verra après.

Il m'accorde le minimum, ça ne fait rien, je me débrouillerai. J'ai au moins la possibilité d'engager les auteurs et graphistes, mais j'aimerais bien aussi bloquer un réalisateur. J'avais connu dans les studios des *Mille et Une Nuits* un *layout man*[1] complètement désespéré, mais qui m'avait bien plu. Je retrouve son adresse et son numéro de téléphone mais quand je l'appelle, il m'annonce qu'il doit partir pour Los Angeles deux jours plus tard : il vient de signer un accord avec Spielberg pour travailler pendant deux ans dans son studio de dessins animés.

1. Celui qui fait les cahiers de tournage, série de dessins qui forment la trame de l'histoire.

— Ne bougez pas, j'arrive.

Je demande au taxi Club affaires qui vient me chercher de mettre la pale d'hélicoptère. Le temps presse. Cinq minutes pour convaincre !

J'attaque sec.

— Vous allez réaliser combien d'épisodes, à Los Angeles ?

Il me regarde, l'air mi-abattu, mi-goguenard.

— J'ai un contrat de chef *layout*.

— Et moi, je vous propose un contrat de réalisateur pour vingt-six épisodes de *Princesse Shéhérazade*. Les Tunisiens et moi avons décidé d'écrire ensemble jusqu'au bout de nos rêves, je prendrai l'entière responsabilité de la production. Mais j'ai besoin de vous, j'ai besoin de la meilleure équipe, vous allez la choisir : je sais que vous avez le souffle artistique qu'il nous faut.

Il n'a plus l'air abattu, il a des exigences.

— D'accord, si toute la création se fait à Angoulême.

Je suis prête à le faire à Pétaouchnok, s'il le veut. La seule chose que je retiens, c'est qu'il a dit d'accord. Je lui propose un contrat stipulant que la production commencera dans six mois avec six épisodes écrits. D'accord, j'ai menti sur les vingt-six, mais c'était le prix pour le convaincre…

Je rentre au bureau, persuadée que le plus dur reste à faire. Mes entrepreneurs de patrons ne peuvent pas se contenter d'une convention d'écriture. Xavier Couture, l'ancien P-DG de la boîte, m'a laissé une énorme table de verre et une lampe Picasso. Je me sens comme une fourmi sur une paillasse d'évier transparente.

Le téléphone sonne, j'imagine la commande fracassante d'une chaîne.

— Allô, ici le notaire de Saint-Angeau.

Mes neurones s'érigent en point d'interrogation.

— Bonsoir monsieur !

— Vous souvenez-vous que vous avez signé une promesse de vente pour une maison, il y a presque trois mois ?

La revue *Ailleurs* revient à mon bon souvenir comme un boomerang.

— Mais elle est où, cette maison ?

À peine énervé, il répond :

— Près d'Angoulême.

C'est bizarre, ça fait deux fois dans la même journée que j'entends parler de cette ville. J'ai beau avoir pratiquement fait le tour de la planète, je ne sais pas où elle se trouve.

— Et comment on y va ?

— De Paris, vous prenez le TGV direction Bordeaux…

— Et comment je vous reconnaîtrai ?

— Je vous enverrai un taxi. L'homme aura un exemplaire d'*Ailleurs* à la main.

Le week-end, j'embarque pour la première fois dans un TGV. En effet, pour rejoindre le fort Boyard via La Rochelle, j'ai toujours pris l'avion, même quand je pestais contre ses hélices…

Angoulême, Angoulême, deux minutes d'arrêt…

Je descends, royale, comme si j'avais voyagé dans le train de la reine d'Angleterre. Il est là, moustache noire, cravate noire. La voiture est bardée d'un « taxi Nord Charente » qui ne passe pas inaperçu. Et là, bien calée sur le siège arrière, je me la pète grave :

— Je viens d'acheter une maison en Charente, voulez-vous devenir mon taxi à vie ?

— Mais même après, si vous voulez, je fais aussi croque-mort. J'ai toujours une veste noire dans le coffre, au cas où…

La fin du parcours s'effectue en silence. Le notaire nous attend sur les lieux.

La façade de la maison est aussi jolie que sur la photo, mais le contrechamp est tout petit. J'avais imaginé le grand parc de mon enfance à Houdan et ce n'est qu'un jardin. Je suis déçue…

— Oh non, ça ne va pas aller, je voyais un jardin plus grand… tant pis…

Il est incrédule, presque agacé.

— Tant pis surtout pour vous, mademoiselle ; si vous ne prenez pas la maison, je garde quand même les 10 %. Je croyais vous avoir bien expliqué tout ça au téléphone lorsque j'ai reçu votre chèque, il y a trois mois…

Il a tort de me parler comme à une débile.

— Bon, ça va, je la prends !

Je pense déjà à la tête de mon banquier quand je vais lui demander un nouveau crédit ! Cette vision me met de bonne humeur. Et c'est d'un pas conquérant que j'entre dans la maison.

Là, le charme m'envahit. Tout est tendre et désuet, mais très grand à la fois. Je m'y sens libre. C'est ma maison (celle de ton banquier, dirait Curtelin). Je ne la partagerai avec personne. Une maison devient triste lorsque le « partagé » s'en va. Ici, ce sera la maison sans souvenirs, toute tournée vers l'avenir. Je la baptise Ventouse.

Le retour à Paris est frénétique. Je passe mon temps entre le boulot et les coups de téléphone pour que Ventouse puisse m'accueillir le week-end suivant. J'épluche l'annuaire des Charentes et fais l'acquisition d'un lit, d'une table, d'une cuisinière et de deux chaises. Le reste attendra.

Mon premier boulot à Expand, c'est de faire l'inventaire des émissions dont je dois m'occuper. Un programme pour les enfants m'intéresse. Il est diffusé tous les mercredis sur France 3 et met en scène des marionnettes qui ont la tête de Nagui, Vanessa Paradis, Antoine de Caunes, Josiane Balasko ou Bernard Pivot, à dix ans. Les gamins se fichent de tout et s'appellent les « Minikeums ». Cette émission a été installée sur France 3 par Agnès Vincent, directrice de la jeunesse. Les marionnettes m'ont déjà porté bonheur. Et pourquoi ne pas programmer les « Minikeums », comme le « Bébête Show » jadis, chaque jour, après l'école par exemple. J'appelle Agnès :

— Allô...

Elle m'interrompt tout de suite.

— J'allais t'appeler parce que je viens d'être nommée à la Haute Autorité, ne ris pas ! Je vais faire partie des neuf sages ma chère. Ton idée est bonne, parles-en à celui qui me remplace, il s'appelle Bertrand Mosca.

Le remplaçant décida de risquer la quotidienneté, ce qui valut aux « Minikeums » de gagner le 7 d'Or deux années de suite. Lorsqu'il quitta France 3, Bertrand Mosca emporta chez lui les deux 7 d'Or, dommage, Agnès Vincent en méritait un. Après tout, c'est elle qui avait installé le programme à l'antenne.

Je flippe un peu au sujet de *Shéhérazade*, mais je ne lâcherai pas le projet. D'autant que je sens bien que mes patrons entrepreneurs ne cherchent pas à me mettre K-O...

— À toi de trouver de nouvelles idées, de nouveaux concepts, et de les mettre à l'antenne. Inutile de te dire que le rythme quotidien nous va très bien.

Je redescends les marches vers mon bureau avec une lenteur extrême, histoire de décompresser un peu. J'entends au bout du couloir la sonnerie de mon téléphone. Je cours les derniers mètres, et la voix amicale de Jean Minot m'arrache un sourire.

Jean était le directeur de la programmation lorsque je dirigeais les variétés de France 2, et il n'a jamais désavoué aucune de mes folies.

— Écoute, Marie, je viens d'être nommé directeur des programmes de la Cinquième, alors si tu as une idée, fais-moi signe…

Il me réchauffe le cœur. Mais je n'ai pas trop d'idées pour l'instant, à part la création d'une princesse orientale qui me pose bien des problèmes.

En vagabondant un dimanche sur les quais de la Seine devant les bouquinistes, je tombe sur une vieille édition jaunie de *L'Étoffe des héros*. Je me vois déjà décliner le titre en « Étoffe des ados » et en faire un magazine d'introspection dans tous les lycées et collèges de France, pour comprendre ce qui s'y passe. J'y vois Benjamin Castaldi dans le rôle du présentateur, mon toujours fils de substitution qui m'a fait partager une grande partie de sa préadolescence…

« L'Étoffe des ados » sera sa première émission en solo. La série s'impose sur la Cinquième. Nous signons une cinquantaine de numéros et, grâce à Jean Minot, « Benji » visite chaque mercredi un collège ou un lycée de France pour une radiographie de la vie des élèves. L'impact est fulgurant. Ce succès me libère et le coussin financier qu'il me procure m'autorise à me lancer dans l'aventure *Shéhérazade*.

C'est dans un délire collectif que nous nous installons pour trois jours dans la médina de Tunis, chez un des auteurs graphistes, Sleh Hamzaoui, pour imaginer les premiers épisodes.

L'orientalisme nous donne des ailes pour façonner les personnalités de Shéhérazade, doux mélange entre l'Orient et l'Occident, et de son éfrit, Till, gamin malicieux, doué de pouvoirs magiques.

Dès les premiers épisodes, nous perdons tout contact avec la réalité. Nous partons pour un voyage dans le temps et hors du temps, de Grenade à Pékin, en passant par Venise avec Gigi le Gondolier, Bali avec Rajiv et Ragiva, la Tunisie avec Aboussir le teinturier et Aboukir le barbier… Les personnages défilent au gré de notre imagination, ce sont souvent des gens que l'on connaît caricaturés à l'extrême, ce qui provoque des fous rires sans fin.

Le prince arabe est content de me voir heureuse. Il pense que l'écriture de vingt-six épisodes m'amènera souvent en Tunisie. Je ne lui ai pas dit que je n'ai en poche qu'une convention pour treize épisodes. Enfin, en théorie seulement, car le contrat définitif ne sera signé qu'une fois le budget bouclé. J'ai besoin de 20 millions de francs.

J'essaie de rester calme. La chaîne en donne à peine 4, le Centre national du cinéma et de l'image animée (CNC) peut-être 2. Mes entrepreneurs de patrons semblent entrevoir la solution.

— Tu dois absolument trouver un coproducteur, et on t'avancera la trésorerie de ce qui reste si tu mets deux nouveaux jeux quotidiens à l'antenne.

Une paille !

Ce qui m'énerve le plus, c'est l'histoire du coproducteur. Je ne veux partager mon rêve avec personne, ne pas rendre de comptes. Qui pourrait me connaître suffisamment pour me faire confiance, en m'acceptant telle que je suis, comme une folie douce et non pas comme un risque ?

Un flash-back traverse mon esprit. Je me revois cheveux au vent sur un Riva, voguant pleins nœuds en Méditerranée, en compagnie de Sheila et de son producteur, Claude Carrère. Il voulait toujours nous faire plaisir, même si Sheila rêvait déjà d'autre chose et si, moi, je n'aimais pas trop les bateaux rapides…

Voilà, c'est Claude que je dois appeler. Il est devenu un tycoon, à la tête d'une maison de disques, d'une maison d'édition, et il vient de se lancer dans la production cinématographique.

Il me prend tout de suite au téléphone, comprenant l'urgence. Vingt minutes plus tard, je suis à la Plaine Saint-Denis, dans un complexe TV, près d'une déchetterie.

Nagui, Louvin et beaucoup d'autres y ont d'énormes entrepôts qui leur servent de studios d'enregistrement. Carrère en a transformé un en centre d'affaires dont les jambes seraient deux studios qu'il loue et dont le corps regroupe ses activités discographiques et éditoriales.

Il me reçoit dans un bureau plus grand que mon appartement. Plus mandarin que jamais !

— Écoute, Marie-France, treize épisodes, ça ne vaut rien ! À l'international, les séries se vendent par vingt-six ! J'embarque avec toi si tu retournes à France 2 pour obtenir les treize épisodes supplémentaires…

Je n'ai décidément aucun sens de la réalité quand je m'entends lui répondre :

— Et je pourrai vraiment faire ce que je veux ?

— Je te propose un deal, conclut-il. Je ne verrai les épisodes qu'à l'antenne. J'ai parfaitement confiance en toi et en ta créativité. Je te connais depuis longtemps, c'est pour ça que tu es venue me voir, non ? Dans la coproduction, j'assurerai les ventes à l'étranger et les sorties des cassettes vidéo, et toi tu obtiens les vingt-six épisodes. J'en finance la moitié, c'est mieux que la moitié de treize, non ?

Je suis assez d'accord. Et sans consulter mes patrons, je me précipite à France 2. J'ai la chance avec moi. Rachel Khan, avec laquelle j'avais travaillé sur une série pour ados lorsque j'étais directrice de la jeunesse, vient d'être nommée à ce même poste. Je l'aime beaucoup. Elle écrit bien, elle est exubérante et intelligente. Elle est aussi berbère et fille de rabbin, un mélange détonnant.

— J'adore le projet *Shéhérazade*, Marie-France, mais j'espère que financièrement tu es sûre de ton coup. Tu sais mieux que personne que France 2 ne donnera pas un centime de plus que ce qui est dû pour n'importe quelle autre série de vingt-six épisodes.

En me disant cela, elle veut me protéger, mais elle me donne aussi la clef pour m'en sortir.

Voilà, non seulement nous avons le financement pour treize épisodes, mais nous l'avons pour vingt-six. J'en ai la confirmation dans le bureau du directeur des productions, qui semble impressionné par l'implication d'un grand groupe comme Expand. Cela va lui permettre d'engager une production sans risques.

Le plus dur reste à faire, et la fuite en avant continue dans le bureau de Dominique Ambiel.

— Tu te rends compte, Dominique, France 2 trouve le projet tellement formidable qu'elle se voit bien en diffuser vingt-six épisodes ! J'ai eu le temps d'appeler Carrère, il est d'accord aussi.

Il me regarde, mi-amusé, mi-en colère. Il n'est pas dupe.

— Tu sais qu'il va manquer de l'argent ? Il va falloir que tu le trouves !

Et là commence un parcours infernal. Tu as besoin d'argent : tu le crées. Et même si je n'ai jamais eu aucune notion d'économie, je comprends qu'il faut que j'autofinance ma création avec d'autres créations. Avant, quand j'étais dans les chaînes, il fallait que je trouve de bons programmes pour les mettre à l'antenne. Maintenant, il va falloir que je trouve des antennes pour mes idées de programmes…

Et paradoxalement, c'est plus facile !

Jean Minot sait déjà qu'il peut compter sur moi.

Un jour, il m'appelle :

— J'aimerais bien que tu rencontres Minou Azoulai. Elle m'a proposé une assez jolie idée, un peu intello, mais qui pourrait plaire à ta folie. Elle cherche une boîte de production, saisis l'occasion.

Minou est une journaliste pure et dure. J'ai vu certains de ses reportages à « Envoyé spécial », ça ne rigole pas. Vais-je être à la hauteur ?

Je la rencontre au bar du Bristol, histoire de me donner une contenance. Elle est brune, elle est belle, sa voix est précieuse et ses idées sont claires.

— En fait, mon idée, ce serait de montrer les villes rêvées et les villes réelles…

Je comprends tout de suite mais je la laisse continuer.

— Mettre en exergue ce qui a été écrit, les chefs-d'œuvre sur les villes et la réalité de celles-ci...

Le courant passe, j'ai déjà envie de travailler avec elle. Elle me raconte qu'elle est née à Alexandrie. OK, ce sera la première ville revisitée. Il faut en choisir cinq autres, on se fait une liste d'auteurs, on bouquinera chacune dans notre coin et on se retrouvera le week-end suivant à Ventouse pour écrire les émissions.

Entre-temps, j'ai eu le feu vert de mes patrons entrepreneurs pour constituer à Angoulême l'équipe de production du dessin animé. Pendant quatre jours, Philippe Mest, le réalisateur, constitue son équipe de base : le chef décorateur, deux *layout men*, la coloriste et le *storyboarder*. Nous avons écrit six épisodes, et les graphistes tunisiens s'installent sur les planches à dessin du musée de la Bande dessinée mises à notre disposition pour le moment.

Je sens bien que tout ça est très fragile et que je ne vais pas pouvoir démarrer vraiment la production si je n'engage pas la cinquantaine de personnes nécessaires à la fabrication d'un premier épisode. Mais je mobilise, je pousse et j'énergise la douzaine de personnes qui a décidé de tenter l'aventure avec moi. Il faut absolument inonder France 2 de dessins et d'idées magiques pour débloquer l'argent du premier épisode.

En fin de semaine, Sleh m'accompagne à Ventouse où nous retrouvons Minou...

Pendant deux jours, au son de musiques orientales, nous écrivons les six émissions des « Villes rêvées, villes réelles » : Alexandrie et Lawrence Durell, Venise et Thomas Mann, Jérusalem et le Cantique des cantiques,

Vienne et Freud, La Havane avec Carpentier et Hemingway, et Paris avec Prévert.

Minou choisit ses réalisateurs et part assez vite pour Alexandrie. Elle ramène un 26 minutes extrêmement personnel, une très jolie visite inspirée par Durell.

Je lui demande d'enchaîner tous les tournages, j'ai confiance. Moi, pendant ce temps, il faut que j'active la machine à produire pour que *Shéhérazade* puisse grandir.

La Une cherche un jeu rigolo pour l'été. Je me souviens d'un voyage à Las Vegas où j'avais été bluffée par l'animation d'un hôtel : sur un pan de mur, la reproduction d'une des caravelles de Christophe Colomb se détachait de son socle chaque soir à 18 heures et s'animait de combats de pirates. J'eus l'idée d'un jeu de questions qui se passerait sur un galion, et s'ils ne pouvaient pas répondre, les candidats seraient jetés à la mer, en l'occurrence une énorme piscine au milieu d'un des studios de la Plaine Saint-Denis. Une fois de plus, Michèle Sarfati, mon amie décoratrice, se met la bride sur le cou et Gérard Pullicino nous entraîne dans les studios de Pin Wood à Londres pour affubler le générique d'effets spéciaux tempête garantie.

Le jeu s'appelait « Quelle galère ! ». Il y en eut quarante-cinq numéros, ce qui me permit d'enchaîner à Angoulême les treize premiers épisodes du dessin animé.

Shéhérazade devient magnifique et, pour qu'elle s'épanouisse, je me lance dans un autre jeu quotidien sur France 2. Il s'agit d'un quiz à base d'archives intitulé « Un poisson dans la cafetière ». Le générique est réalisé par Pullicino sous forme de dessin animé, influence oblige, je ne vis plus que pour ça.

Désormais, entre ce que la chaîne donne et mon trésor de guerre, la production tourne à plein à Angoulême, les planches s'accumulent, toutes plus belles les unes que les autres. Reste la grande inconnue, l'animation. Généralement, les dessins se font animer en Chine ou en Corée du Sud. Philippe Mest a entendu parler d'un studio en Corée du Nord. Dominique Le Texier, qui supervise la production, calme au milieu de tous ces fous, en parle à son compagnon de vie, Jean-Paul Huchon. Il m'appelle, en colère :

— Qu'est-ce que tu t'apprêtes à faire comme connerie, encore ?

— Mais écoute, Jean-Paul, ces studios sont très bien…

— Ah oui, ils sont d'autant plus formidables qu'il n'y a aucune représentation diplomatique en Corée du Nord, donc s'il t'arrive quelque chose, oublie-nous…

Mon assistante, Rachel, trouve une délégation de la Corée du Nord à Paris, quelque part dans le XVIe arrondissement. Nous y allons toutes les deux. La porte est banalisée, l'atmosphère est étrange, des hommes au faciès impassible sont en réunion dans une pièce glaciale ornée du seul portrait de Kim Jong-il.

Une jeune femme nous offre du thé noir et nous conduit dans une autre pièce, à peine moins austère. L'endroit semble mieux adapté à la vente d'armes qu'à la création de dessins animés.

Un homme gris nous propose de venir visiter les studios d'animation à Pyongyang ; après avoir pris leurs renseignements, ils nous délivreront un visa dans deux mois. Le temps pour moi de démarrer deux productions pour la Cinquième : un magazine littéraire, « Jeux d'encre », qui ira à la rencontre de jeunes auteurs inconnus à l'époque, Ravalec, Houellebecq, et une série de programmes courts humanitaires mettant en scène les stars impliquées dans des associations caritatives : Emmanuelle Béart, Mireille Darc, Yannick Noah, Thierry Lhermitte et bien d'autres…

Les visas arrivent. Dominique Le Texier a décidé de venir avec Philippe et moi, malgré les recommandations de Jean-Paul.

Le voyage est interminable. L'Himalaya n'en finit plus d'être franchi. Nous arrivons à l'aéroport de Pékin pour prendre une correspondance vers Pyongyang. L'avion est incroyable. La moitié des passagers voyagent debout, accrochés à des sangles reliées à une tringle qui traverse la carlingue.

Nous sommes accueillis par des hommes en uniforme qui nous confisquent nos passeports, pour des raisons de sécurité.

La ville est entièrement faite de temples et de maisons en béton armé, réplique de ce que devait être la capitale avant que les Américains n'y envoient 40 000 bombes dans la même journée, dans les années cinquante. Nous arrivons à l'hôtel escortés par notre ange gardien, que je baptise « Crâne d'œuf » et qui sera chargé de nous espionner.

Le lendemain, nous visitons les studios : 600 petites mains gantées de blanc reproduisent à l'identique sur papier-calque des milliers de dessins pour une superproduction italienne. Je suis bluffée par la qualité du travail. Philippe m'assure qu'en cas de surchauffe, ils peuvent mettre à notre disposition plus de 1 000 petites mains, toutes bardées de diplômes. Nous allons visiter l'académie des Beaux-Arts qui pullule d'étudiants.

Bac plus neuf ou femmes de ménage, c'est payé pareil, autant faire des études.

La ville est bizarre, les gens sont muets ; Philippe me dit que toutes les meilleures conditions sont réunies pour créer et qu'il est prêt à passer trois semaines tous les deux mois en Corée du Nord pour mener à bien toute la série.

Je décide de commencer les discussions en vue de la signature d'un contrat. Même si j'ai l'impression que l'interprète ne traduit en rien ce que je dis, je me lance dans des négociations sans fin, ignorant les intimidations et les coupures de courant qui nous laissent plantés dans le noir pendant des heures, dans un silence de plomb.

Je bagarre ferme, oubliant totalement qu'ils ont nos passeports et qu'ils peuvent nous garder là, dans cette ville uniforme, *ad vitam aeternam*. Mais je n'ai peur de rien. Après tout, ils sont extrême-orientaux, sensibles aux aventures de cette princesse dont ils comprennent les voyages.

Le contrat est signé le lendemain dans le bureau du grand directeur qui nous suggère expressément de visiter le lendemain le mausolée de Kim Il-sung (le père), le héros de la nation.

Je tente une diversion.

— Mais nous avons déjà vu sa statue !

Son monument, devrais-je dire, le colosse mesure plus de quarante mètres de haut !

Je comprends au regard du chef que je n'ai pas intérêt à tenter une quelconque dérobade.

— Demain, la voiture viendra vous chercher à 10 heures… Soyez habillés en noir.

Le retour se passe dans un silence de mort. Pas question de faire le moindre commentaire avec Crâne d'œuf. Dans la voiture, sa voix grelotte.

— C'est un bien grand honneur qui vous est fait !

Arrivés à l'hôtel, nous nous précipitons jusqu'au hall de réception, où nous sommes enfin débarrassés de l'espion. Au bar, nous demandons un whisky, mais on nous fait comprendre dans un anglais asiatique qu'il faut acheter la bouteille, à prix d'or bien sûr. Elle nous suivra très consciencieusement, par la volonté du personnel hôtelier, sur les tables de tous nos repas, y compris le petit déjeuner !

Nous nous moquons de notre « endimanchement », le lendemain, lorsque nous nous retrouvons pour la funeste cérémonie.

Le long des grilles d'un énorme palais de marbre vert s'étend une queue interminable d'hommes et de femmes en noir.

Crâne d'œuf nous rassure :

— Aujourd'hui, il y a peu de monde, car la journée est réservée aux délégations étrangères.

Encore une chance, car il nous faut presque une heure pour gravir les hautes marches de marbre qui mènent au mausolée… Mais enfin, il fait beau et nous en profitons, Dominique et moi, pour papoter. Nous sommes rapidement rappelées à l'ordre, la montée doit se faire les uns derrière les autres et en silence…

Au sommet, une lourde porte que l'on doit franchir en file indienne. Heureusement, car je suis propulsée dans une énorme soufflerie qui me rabat la robe sur la tête, comme dans *Sept Ans de réflexion*, mais en ridicule.

Nous nous retrouvons dans une énorme salle du trône, sauf qu'à la place du trône, il y a un catafalque avec le bonhomme posé dessus, comme empaillé. Je suis pétrifiée. Je m'approche de Philippe :

— La soufflerie, ça servait à quoi ?

— C'est pour te décontaminer, si tu files un microbe à l'embaumé, il part en poussière…

Crâne d'œuf s'approche pour nous faire taire.

Kim Il-sung, tout de noir vêtu, trône au milieu d'un ring délimité par de lourds cordons dorés.

Crâne d'œuf nous invite assez fermement à nous incliner aux quatre coins du ring. Je ne veux pas y aller seule, et c'est main dans la main que nous nous inclinons, Dominique et moi, Crâne d'œuf n'hésitant pas, d'un revers de la main, à nous courber la nuque pour plus de respect encore…

Au quatrième coin, alors que la pénitence va s'achever, Dominique profite de la courbure pour me murmurer à l'oreille : « Bon anniversaire ! »

J'ai envie de rire et de pleurer à la fois. Je suis émue et amusée qu'elle se soit souvenue de la date dans ces conditions si particulières, et je suis triste parce que ceux qui savent sont si loin de moi.

N'empêche que lorsque je rentre en France, j'ai une pêche d'enfer. Philippe est resté à Pyongyang avec tous les dessins du premier épisode. Si tout va bien, dans un mois, France 2 va tomber à la renverse.

À Paris, tout roule, les « Minikeums » viennent d'être nominés aux 7 d'Or. J'en profite pour convaincre France 3 de réaliser une émission spéciale pour les fêtes de fin d'année, sorte de conte fantasmagorique qui ressemble à une fiction de une heure. Bertrand Mosca, le directeur de la jeunesse à France 3, est OK, mais le budget attribué ne représente que 75 % du coût global du projet. Une fois de plus, il va me falloir quémander. Dominique Ambiel ne m'abandonne pas. Il m'accompagne pour plaider ma cause au CNC. Les enfants des directeurs du Centre national du cinéma, accros aux « Minikeums », font le reste. Le 7 d'Or viendra couronner le tout.

Minou a fini les cinq premiers enregistrements des « Villes rêvées, villes réelles ». On se retrouve avec un énorme plaisir chez moi, un soir.

— Il ne m'en reste plus qu'une, dit-elle, mais celle-là, j'aimerais qu'on la fasse à deux, je suis la journaliste et toi, tu réalises.

La dernière ville de la série, c'est La Havane. Elle sait que j'ai lu José Martí, Carpentier et Hemingway. Je vois bien ce qu'elle veut faire : marier la littéraire et la quarteronne indienne. Je me souviens que Joan Manuel Serrat, mon génial ami chanteur catalan, me disait toujours :

— Tu devrais aller à Cuba, tu adorerais.

Je dois superviser la postproduction du premier épisode de *Shéhérazade* qui vient d'arriver de Corée du Nord, mais je me promets que tout de suite après, j'irai à La Havane, si le tournage n'excède pas trois jours.

Lorsque je débarque à Cuba, Minou y est déjà depuis quelques jours. Elle a repéré les lieux de tournage et recruté l'équipe technique au sein de la prestigieuse ICAIC, centre de cinéma le plus performant de toute l'Amérique latine.

On se retrouve dans la chaleur moite de l'aéroport.

— Tu sais, c'est formidable, me dit-elle, on a le chef opérateur de *Fraise et Chocolat*.

J'ai adoré ce film. Je me sens bien, tout à coup. Je reconnais les émois de la chaleur tropicale que j'avais ressentis lors de mon premier voyage à Buenos Aires, lorsque j'étais toute petite. Et même si je suis encore décalée parisienne, avec le sac Vuitton et la robe Valentino, je me sens latine. Nous musardons dans un parc près de l'hôtel, toutes à la joie de nous retrouver, et je me laisse apostropher par des gamins curieux, sans me rendre compte qu'ils sont en train de m'encercler tant je frime de leur parler en espagnol. À la fin, mon sac passe de main en main à la vitesse de l'éclair, jusqu'à un cycliste qui démarre en trombe. L'action n'a duré que quelques secondes. Un travail d'orfèvre que je ne peux m'empêcher d'applaudir, sauf que mes papiers et ma carte de crédit personnelle viennent de s'envoler et, plus grave, ma carte de crédit professionnelle, ainsi qu'une grosse somme d'argent nécessaire à la production sur place… Minou est atterrée, mais je me dis que pour la première fois de ma vie, je vais utiliser la colonne « imprévus » du budget de production. Généralement, cette ligne ne sert à rien et vient grossir les bénéfices. Je demande à Minou de m'attendre à l'hôtel, où l'équipe technique va arriver pour faire ma connaissance. Moi, je pars à la recherche du commissariat le plus proche afin de porter plainte pour vol, mais ça ne va pas être facile dans un pays si soucieux de son image !

Une maison coloniale délabrée autour d'un grand patio bondé fait office de poste de police.

Je m'annonce auprès d'un vigile qui dort à moitié. Il me dit :

— Patientez, vous n'êtes pas la seule.

Je me joins à la foule et, dans la moiteur de la nuit, j'attends. Au bout d'une heure, un militaire avec une vieille carabine vient me chercher brutalement :

— Qu'est-ce que vous faites au milieu des prisonniers ?

Ça commence bien.

Il m'entraîne dans un bureau poisseux. Un ventilateur balaie la moiteur. Il s'assied devant une machine à écrire des années quarante. Et l'interrogatoire commence :

— Voilà, je me suis fait voler mon sac, et dedans il y a mon passeport, tous mes papiers, pas mal d'argent et les clés de ma maison.

— Vous êtes de nationalité argentine ?

Je le regarde, médusée. J'ai oublié que j'ai l'accent du Che alors qu'à Cuba on parle un espagnol très catalan.

— Non, je suis française, je suis venue tourner une émission ici, à La Havane.

— Et vous allez raconter qu'on vole les sacs des dames, ici ?

— Non, non, ce n'est pas le sujet. On fait une émission littéraire sur tous ceux qui ont écrit à La Havane : Alejo Carpentier, José Martí, Ernest Hemingway…

— C'est bizarre, votre accent…

— En fait, ma mère est argentine, mais vous voulez que je parle français ?

— Non, il faudrait attendre l'interprète jusqu'à demain matin.

— Je ne peux pas attendre, je tourne dès le matin à la Bodeguita del Medio.

— Pourquoi ?

— Parce que Hemingway fréquentait cet endroit.

— Ça n'est pas vrai, mademoiselle. Il n'allait qu'au Floridita !

L'interrogatoire est surréaliste. La vieille Remington crépite au rythme des questions basiques ponctuées par le bruit des pales du ventilateur.

Au bout de dix minutes, d'un geste sec, il extirpe de la machine la feuille du procès-verbal et me la met sous le nez.

— Veuillez signer, s'il vous plaît.

— Monsieur, dans mon sac, il y avait aussi mes lunettes, et sans elles, je ne vois rien du tout.

Dans la chaleur de la nuit, je viens presque de lui avouer mon âge. Il relit mot à mot ma déposition. Je signe. Au moins, j'aurai un semblant d'attestation de vol pour l'assurance, à Paris.

— Je vais vous ramener à l'hôtel pour vérifier que vous y êtes bien enregistrée.

J'espère que Minou m'y attend, il est plus de 3 heures du matin. Il lâche d'une voix fatiguée :

— Peut-être m'avez-vous menti sur toute la ligne.

Après un voyage chaotique dans une vieille Skoda à bout de souffle, nous franchissons le hall de l'hôtel rempli de touristes. Un couple s'avance vers moi.

— Oh, vous êtes Marie-France Brière, on vous a vue à la télé française, la semaine dernière, à la cérémonie des 7 d'Or. Bravo pour les « Minikeums » !

J'ai envie de les embrasser. Ils viennent de confirmer mon identité ! Au fond, près du bar, toute l'équipe m'attend et moi, flanquée de mon policier, je trouve encore le moyen d'être odieuse en guise de bienvenue.

— Rendez-vous demain matin à 8 heures dans le hall, je suis fatiguée, je vais me coucher.

Tandis que je me dirige vers l'ascenseur, le chef opérateur s'exclame :

— Quel accent argentin !

Malgré ces mésaventures, j'ai adoré La Havane. Rafaël, le chef opérateur, Marcelo, l'ingénieur du son, et Aaron ou encore Noël... Ils vont tous me manquer.

Le dernier soir, ils me font cadeau d'un vieux bouquin avec des photos d'époque qui relate la vie d'Hemingway à Cuba.

— Un jour, tu reviendras ici faire un vrai grand documentaire. Dépêche-toi, le vieux aurait eu cent ans l'année prochaine...

Dans l'avion du retour, je me plonge dans le gros livre : *Hemingway à Cuba*. Il y a vécu plus de trente ans !

À mon retour en France, tout va bien. Les épisodes de *Shéhérazade* se dessinent et se colorient à Angoulême et s'animent à Pyongyang avec une régularité formidable.

Toutes les quatre semaines, nous nous enfermons avec les auteurs tunisiens, la plupart du temps à Ventouse, et pendant trois ou quatre jours, nous laissons notre imagination délirer. Vingt-six histoires toutes plus hallucinées les unes que les autres sont ainsi écrites. Le prince arabe a compris que je n'avais plus besoin de mes escapades à Monastir pour trouver l'inspiration. Il viendra une seule fois en Charente, avec un énorme palmier en ultime souvenir. Je ne sais pas d'où me vient cette fuite en avant qui me pousse à m'éloigner de tous ceux qui m'aiment. J'ai le cœur en jachère depuis la mort de Mano, et sa phrase, « N'oublie jamais que la vie est belle, Marie-France », sonne le glas de mon envie d'aimer. J'ai hâte de « faire vieille » pour qu'il n'en soit plus jamais question !

Alors que le printemps approche, Patrice Laffont m'invite à déjeuner comme il le fait chaque année avant d'entamer la préparation de la nouvelle saison de « Fort Boyard ». Je suis contente de le revoir. Patrice est un homme drôle, charmant et délicat. Sauf que là, la nouvelle est rude. Il a décidé de ne plus présenter le « Fort ».

— Tu comprends, il faut se méfier de l'année de trop, s'excuse-t-il. On me propose une pièce de théâtre, ça m'amuse beaucoup, et à moins que ça ne te mette dans une merde terrible, j'ai bien envie d'accepter.

Je suis catastrophée sans vouloir le montrer. Je sais trop, pour l'avoir vécu lors de mes démissions à répétition, qu'on ne peut pas retenir quelqu'un qui veut partir.

— Non, ne t'inquiète pas, Patrice, je vais me débrouiller.

Oui, mais comment ? Laffont, c'est le maître du Fort. Il ne s'agit pas de remplacer un animateur par un autre animateur, ça ne marcherait pas. J'ai intérêt à trouver une idée avant que la chaîne ne m'impose quelqu'un ou que tout le monde s'en mêle.

L'émission marchait tellement bien, je n'avais vraiment pas besoin de ça !

Le soir même, sans avoir parlé de mes problèmes à personne, j'assiste à l'avant-première d'*Astérix et Obélix contre César* en compagnie d'Agnès Vincent. C'est une énorme farce qui va très certainement plaire aux enfants et dans laquelle Jean-Pierre Castaldi joue un légionnaire romain ridicule à souhait. À chacune de ses apparitions, la salle, remplie en majorité d'enfants de stars et de journalistes, s'esclaffe.

C'est un personnage caricatural comme ça qu'il me faudrait pour présenter « Fort Boyard ». Et si je lui demandais ? J'imagine déjà sa réaction.

— Mais je ne suis pas un mec de télé, moi. J'ai besoin d'un rôle pour exister. Tu crois que dans *Astérix*, les grimaces, je les fais comme ça ? Non, tout est écrit, ma vieille…

Qu'à cela ne tienne, on va lui écrire le rôle du maître du Fort. Non, ça ne va pas suffire. Il faut que je trouve autre chose pour le convaincre.

Très vite, *Astérix* fait un carton. Je prends mon courage à deux mains et je lui téléphone :

— Alors, tu es devenu l'idole des 11-15 ans ?

— C'est quoi, ce langage marketing télé ?

Il a la voix des mauvais matins.

— Non, je veux dire que ce nouveau potentiel, il faudrait peut-être l'utiliser dans un univers d'enfants.

— Ah, je te vois venir, ma grande. Tu veux que je participe à « Fort Boyard » ? Y a encore quelqu'un qui t'a claqué dans les pattes. Mais je l'ai déjà fait l'année dernière. Remarque, j'aurais mieux fait de le faire cette année, avec tous les autographes que je signe pour les mômes…

— Patrice Laffont m'a claqué dans les pattes.

Il a dû faire tomber le téléphone, tant le silence est long. Je crains le pire…

— Ça n'est pas une mauvaise idée, mais je suppose que tu as bien mesuré le risque qu'on prend.

— Je mesure même le risque que je te fais prendre. Je voudrais te présenter les auteurs auxquels je pense pour écrire ton personnage du maître du Fort, alternant fausses colères et gros nounours, vraies grimaces et grandes maladresses !

Il demande à réfléchir ; Benjamin m'aidera beaucoup en trouvant l'idée géniale.

J'avais sauvé la saison de « Fort Boyard », avec en plus une campagne de pub due au choix du nouveau maître du Fort. Je pouvais souffler un peu.

Une soirée de blues à discuter, Minou et moi, de la fragilité des amours, nous donna l'idée de produire pour France 2 une série d'été sur les rituels d'amour dans le monde. Nous présentâmes la série dans l'ordre des relations, de la rencontre à la rupture, en passant par la promesse, l'engagement, les serments, la passion, les fantasmes et la désillusion. Minou et moi nous répartîmes les tournages selon affinités et disponibilités. J'en déléguai pas mal à mes amis cubains et à Bernard Lavilliers, qui nous envoya de Salvador de Bahia deux odes à l'amour agrémentées d'une musique originale qui devint le générique de la série. Quant à moi, j'ai filmé un mariage en Charente, de ceux qui durent trois jours avec des repas à sept plats. Pour lier tous ces reportages, nous choisîmes une très jolie jeune femme, recommandée par Christine Lentz, directrice des magazines et documentaires de France 2 : Karine Lemarchand. Et le décor, ce fut Cargèse en Corse. Nous y arrivâmes deux jours après le début de la cavale d'Yvan Colonna. Le village était quadrillé par la gendarmerie, mais très vite il retrouva son charme et son mystère.

Nous habitions tous la maison, et tourner les plateaux devenait une chose intime et quotidienne.

Entre « Fort Boyard », les rituels d'amours et *Shéhérazade*, mes liens avec France 2 étaient permanents et la commande de vingt-six épisodes supplémentaires du dessin animé me parut presque couler de source. Et pourtant, c'était à la fois une nouvelle extraordinaire et catastrophique !

Extraordinaire parce que notre talent était reconnu et que, pour la première fois depuis très longtemps, une société française allait produire cinquante-deux épisodes d'un dessin animé totalement inédit. Catastrophique parce que j'allais devoir trouver un paquet d'argent. D'autant plus que France 2 menaçait de donner moins que la première fois sous prétexte que tous les personnages principaux existaient déjà !

Qu'à cela ne tienne, j'inventai un fiancé à Shéhérazade, le prince Nour, et plein de rivaux au fil des épisodes. Ça en faisait, de nouveaux personnages à créer !

Je n'eus pas trop le temps de m'angoisser. Claude Carrère m'appela pour m'annoncer qu'il avait vendu les vingt-six premiers épisodes à Fox Kids, aux États-Unis.

— Tu te rends compte ? C'est formidable ! s'exclama-t-il.

— Ça sera d'autant plus formidable quand tu leur apprendras que nous en produisons cinquante-deux.

C'est ainsi que je lui annonçai la nouvelle.

Restait à convaincre mes patrons entrepreneurs. Je savais très bien qu'ils me demanderaient de trouver moi-même le financement. Minou Azoulai, aussi proche des réalités que j'en étais éloignée, eut l'idée d'un magazine axé sur la consommation.

— OK, est-ce que tu es capable d'assurer une quotidienne, genre 40 minutes par jour pour la Cinquième ? lui demandai-je.

Elle releva le défi et engagea une quinzaine de journalistes. Il y en avait partout, dans les bureaux, dans les couloirs, mélangés aux « Minikeums », aux équipes de « Fort Boyard » et aux graphistes tunisiens lorsqu'ils étaient à Paris. Ce fut peut-être l'époque la plus gaie de la société.

Minou se défoulait de temps en temps de cette quotidienneté très contraignante en trouvant des sujets pour « Envoyé spécial », par exemple les grands prématurés. Elle s'amusa à m'entraîner dans la salle de montage. Je fus effrayée par ces petits embryons de vie...

Elle réalisa un très joli portrait de Yannick Noah et envoya Lavilliers au Congo, faisant de lui un grand reporter de guerre. Il pataugea avec délice dans le rôle du baroudeur au grand cœur.

Moi, je me délectais dans les nouvelles aventures de *Shéhérazade*. J'y mettais toutes les histoires d'amour que j'avais décidé de ne plus vivre mais où l'imagination s'accrochait, intitulant les épisodes « L'empreinte assassine », « Copie conforme », « La machine à faire semblant », « Le puits d'amour », « Le miroir à deux faces »...

Je nageais en pleine irréalité, ponctuée par la remise d'un deuxième 7 d'Or pour les « Minikeums ».

Mes patrons me laissaient faire. Le chiffre d'affaires était bon, mais moi, je ne recherchais pas le profit, les émissions à tout prix. Je n'étais pas une femme d'affaires et encore moins une cheffe d'entreprise, sinon je n'aurais jamais choisi ce moment propice aux propositions des chaînes pour m'isoler de tout et me consacrer à mon nouveau rêve, « Hemingway à Cuba », un 52 minutes pour Arte.

J'embarquai mon directeur de production à La Havane pendant trois jours, pour boucler la production et d'écrire l'histoire avec mes complices cubains : Rafaël, Aaron et Noël. Ce fut un séjour si passionné que nous nous fâchâmes et réconciliâmes au moins dix fois. Ils étaient très exigeants, j'étais très impatiente. Mon idée, c'était de reconstituer toute la période cubaine d'Hemingway en me servant de ce qu'il avait écrit, de ce qu'il avait vécu, et des derniers témoins que nous pourrions dénicher çà et là. Il fallait tout raconter, trouver des sosies d'Hemingway jeune et d'Hemingway grisonnant… S'inventer des archives en vieillissant des images couleur sépia et en retrouvant costumes et ambiances d'époque. Je ne me rendais pas compte que je leur demandais beaucoup alors que nous devions tourner un mois plus tard !

Et pourtant, après avoir bouclé la deuxième saison de « Fort Boyard » avec Jean-Pierre et avoir dégoté à Las Vegas un format américain qui fait se rencontrer deux adolescents pour un premier rendez-vous, je m'engouffre dans l'avion de Cubana de Aviación, enivrée par un air de salsa et un verre de Cuba libre.

J'arrive avec une très grosse valise. Le tournage doit durer vingt-neuf jours. J'ai l'impression pour la première fois de faire un long-métrage. Je m'installe à l'Ambos Mundos, l'hôtel où Hemingway a habité durant les deux premières années de sa vie à La Havane, lorsqu'il a commencé à écrire les aventures de Thomas Hudson.

La première réunion de production avec l'équipe cubaine m'enchante. La préparation est extraordinaire. Ils ont dévalisé tous les costumes des années trente stockés à l'Institut cubain des arts et de l'industrie cinématographiques (ICAIC). Tous les lieux de tournage ont été repérés et le plan de travail est établi à la minute près. Je les aime et j'ai envie de rester toute ma vie ici, pour bien travailler. J'ai l'impression que le plaisir est encore plus grand qu'avec *Shéhérazade* : non seulement nous avons écrit l'histoire mais je la réalise, et Rafaël, le chef opérateur, me donne des ailes.

Nous obtenons du ministre cubain de la Culture de pouvoir nous installer dans la maison d'Hemingway, près de Cojimar, et d'y filmer du « docudrama » avec nos silhouettes, ce qui ne s'est jamais fait. Au départ, mon point de vue est celui d'une Sud-Américaine qui juge le Gringo venu coloniser une inspiration latine arrosée de mojitos, mais, au fil du tournage, je m'attache à l'auteur et à son désespoir qui lui soufflera l'ultime coup de fusil.

Le tournage est formidable. Nous refaisons le monde et nous rions beaucoup. Ils se moquent de mon accent argentin et du fait que je commence toutes les phrases par « Che », l'équivalent d'un « tu vois », qui ponctue une affirmation et qui a valu à Ernesto Guevara son surnom à Cuba.

Mes « Che » en début de phrase sont si nombreux que l'équipe décide de me pénaliser. Un dollar versé pour chaque « Che » prononcé. À la fin du tournage, une véritable cagnotte nous permet de faire un gueuleton mémorable dans le restaurant ayant servi de décor à *Fraise et Chocolat*.

Je m'octroie une journée *off* avant de reprendre l'avion.

Le lendemain, Rafaël, Aaron et Noël viennent me chercher à l'hôtel.

— On a tout organisé, pour une fois, tu ne t'occupes de rien.

Je crains le pire, et c'est le meilleur qui m'attend.

La vieille Skoda accélère et parvient très vite en haut de la colline qui domine le port, près du Christ, réplique en petit de celui de Rio.

Là, nous nous engageons dans un chemin de terre. Ça monte et c'est très beau. Devant moi, un bosquet, pas trop épais, qui pourrait déboucher sur autre chose. La voiture s'arrête. Rafaël descend, vient m'ouvrir la porte, me prend pratiquement dans ses bras et me dépose près d'une clôture. Puis il me hisse et me dit :

— Voilà, tu es chez toi, cours droit devant…

Deux militaires en faction me regardent, amusés. Je suis dans un champ, au loin, je vois une vieille maison majestueuse, abandonnée. J'ai compris. Je suis devant le perron de la maison du Che !

Je les aime, je les adore !

Dans l'avion, le lendemain, entre deux Cuba libre, j'ai un peu réfléchi et pas mal pensé. Je vais finir *Shéhérazade* et monter le documentaire pour Arte, et après ? J'aimerais ralentir, arrêter de courir, vivre plus à Ventouse. Peut-être même me plonger dans la lecture du dictionnaire du jardinier et créer un potager. Histoire d'oublier le livre que je dois écrire…

Prémonition ou envie d'autre chose ?

À mon retour en France, j'apprends que mes patrons entrepreneurs ont vendu le groupe au gourou Jean-Marie Messier. Changement de cap : rendement à tout prix… Budgets prévisionnels et plans marketing envahissent les esprits. Je sens que je ne vais pas m'entendre avec ces gens-là…

Qu'ont-ils à voir avec une fille qui n'a jamais connu autre chose que le feeling ? Qui ignore tout d'un plan de carrière ? Et qui n'a vécu que de ce qui lui tombait du ciel, dans un illogisme total ?

Mes intuitions se confirment au cours du premier entretien avec mes nouveaux chefs.

— Voilà, il va falloir doubler votre chiffre d'affaires dans les trois ans.

— Et si je n'ai plus d'idées... ?

— On ne vous demande pas d'avoir des idées mais de diriger une société et d'en tirer des bénéfices !

Je viens de comprendre qu'il est temps pour moi de descendre du train...

Et pour la première fois de ma vie, on va me donner pas mal d'argent pour le faire...

21

QUAND C'EST FINI, ÇA RECOMMENCE

Et si je profitais de cet argent pour faire un truc auquel je n'avais encore jamais pensé ? Si je décidais de ne plus jamais être une esclave de luxe de la télévision pour devenir la propre productrice de mes folies ?

Oui, c'est ça que je veux faire, fonder ma propre société de production à l'âge où la plupart des gens prennent leur retraite !

Et je vais l'appeler La Curiosité, ma vraie nature débarrassée de l'audimat ! Ma société supportera les envies et les rêves qui n'entrent dans aucune grille de programme… Ça tombe bien, les niches m'attirent et elles existent… Les idées viennent, sans penser aux sondages.

Et j'aimerais pour commencer rendre hommage à ma mère, la Divine, qui a appris le français à l'Alliance française de Buenos Aires.

Il y en a des centaines dans le monde. Et si j'allais les visiter, et si je choisissais dans chacune un élève qui me ferait visiter sa ville dans un français chatoyant et mélangé ?

Je m'évade comme la Divine qui, plus ou moins inconsciemment, est en train de me quitter… Sa tête a pris les devants et vagabonde, à mon grand désespoir.

Je souffre, j'ai compris que je ne pourrai pas la sortir de là, et je me demande parfois si elle ne va pas m'entraîner dans le précipice de ses incohérences. À l'âge que j'ai, je suis revenue chez elle, rue Gay-Lussac. Ce n'est plus Mai 68 mais il y a du monde dans l'appartement, une batterie d'infirmières veille sur elle. J'ai rétabli les 3-8 et, avec la Divine qui ne parle plus qu'en espagnol, je vis, je pleure, mais je ris aussi, quand elle se moque de moi alors que je lui parle de mon projet…

— Mais comment tu vas leur expliquer, aux Français, que tu leur présentes des écoles où ils ne pourront jamais aller ?

C'est vrai, ça va être coton, peut-être… Ces institutions sont faites pour les étrangers, voire les binationaux. On y apprend la francophonie enrichie par Aimé Césaire ou Léopold Sédar Senghor.

Comme ma mère et comme moi, le Che a appris le français à l'Alliance française de Buenos Aires, et Alejo Carpentier a fréquenté celle de La Havane. Jodie Foster a été élevée à l'Alliance française de Los Angeles et elle parle un français parfait. Modestement, je ne me débrouille pas mal. J'avais l'impression de tutoyer le paradis lorsque je montais une à une les marches du magnifique escalier de la bibliothèque de l'Alliance argentine où Molière et Verlaine, Victor Hugo et Arthur Rimbaud me tendaient les bras, lorsque j'étais enfant.

La Divine disait toujours que la langue, c'était un *half and half*. Je me sens moit-moit hispanique et française, au gré de mes humeurs.

Oui, j'aime autant Mafalda, héroïne des comics argentins, que la princesse de Clèves ! Plus j'y pense et plus j'ai envie de rencontrer tout autour du monde les élèves qui, comme moi, surfent sur deux cultures et parlent un français mélangé, quelque part sur la planète.

Frédéric Mitterrand, qui vient d'être nommé à la tête de TV5MONDE, aime bien mon projet. Il me commande cinquante-deux épisodes de deux minutes et demie, qui se veulent un hymne à la francophonie.

TV5MONDE, c'est important pour moi. À chaque fois que je pars pour l'étranger faire une émission, il me suffit d'appuyer sur un bouton de la télévision de ma chambre d'hôtel pour entendre parler français, parfois avec l'accent suisse, belge ou québécois. Souvent, j'y revois des émissions auxquelles j'ai participé, que j'ai lancées ou fabriquées, mais jamais je n'aurais imaginé qu'y soit diffusée une collection écrite, produite et réalisée par moi !

Frédéric Mitterrand tempéra mon enthousiasme :

— L'audimat ne va pas te manquer ?

— Oh non, pas du tout, au contraire !

Il poursuivit, debout sur les freins :

— Je te préviens, il n'y a pas d'argent ! Tu as intérêt à faire marcher ton imagination.

Bon, j'ai la commande. Il n'y a plus qu'à.

Je prends rendez-vous avec le responsable de la fondation à Paris, qui assure la promotion de toutes ces écoles. 832 Alliances françaises dans 132 pays. Mon interlocuteur va m'aider à choisir les destinations. Il connaît tous les directeurs, et très vite une quinzaine d'Alliances acceptent le deal : aller et retour en avion pour chaque destination à la charge des Alliances. Elles sélectionneront les élèves candidats, qui doivent évidemment bien parler le français mais également ne pas être intimidés par la caméra, fournie sur place avec un chef op' et un preneur de son.

Sur place, j'ai quatre jours. Un pour rencontrer les élèves, écrire le scénario et le réaliser, et les trois autres jours pour tourner trois clips, trois aventures différentes.

J'ai le souvenir de cette comédienne à Reykjavik qui préparait son show sur les chansons de Piaf en islandais, se chauffant la voix dans les bains bouillants d'une source volcanique, au milieu de la neige ! Ou de cet apprenti boucher à la gueule d'ange qui m'emmena à Addis-Abeba dans un abattoir goûter la viande crue mais encore chaude après la mort ! Je fus malade toute la nuit, recroquevillée à même le sol dans une couverture prêtée par une assistante pédagogique qui m'hébergeait ce soir-là en Éthiopie. Et que dire de ce danseur de tango qui m'entraîna à Buenos Aires dans tous les bars fréquentés par Astor Piazzolla ; nous continuâmes à pas cadencés dans la maison de Carlos Gardel.

— Vous savez qu'il était né à Toulouse ?

— Oui, je le savais.

Ce que je ne savais pas, c'est qu'il y a tout un langage amoureux dans la façon de danser le tango, et lui et sa compagne m'en firent une démonstration époustouflante !

Et je repense avec nostalgie à Kharkiv, en Ukraine, où le chef opérateur et l'ingénieur du son ne parlaient ni français ni anglais. Par – 30 °C, notre seule compréhension fut un shot de vodka trinqué ; pour illustrer l'idylle d'un élève et de sa petite amie, je leur chantai du Lelouch, ou plutôt du Francis Lai, « chabada-bada-chabada-bada », et la magie opéra.

Le romantisme fut aussi fort que dans une comédie de Noël.

Je ne restais jamais plus de sept jours loin de Paris et retrouvais la Divine divaguant dans un autre monde. Je n'oublierai jamais son beau sourire lorsque je lui racontais mes aventures lointaines. Nous nous baladions au jardin du Luxembourg et elle demandait le nom de toutes les statues, et si je les connaissais…

Les infirmières qui veillaient sur maman m'obligeaient à repartir. J'avais trop d'affect, disaient-elles, trop de chagrin surtout…

Cette fois-là, je n'étais pas partie loin. Saviez-vous qu'il y avait une Alliance française à Bordeaux chargée d'accueillir les jeunes étudiants étrangers ? C'est un Chinois préparant un master en œnologie qui m'entraîna à vélo pour visiter la cité du vin.

Un coup de téléphone à la fin du clip me précipita dans le TGV. Ma mère avait été transportée à l'hôpital. Je fis installer un lit dans sa chambre et, le soir même, nous regardâmes le match France-Argentine blotties l'une contre l'autre. Elle somnolait mais, au tonnerre d'applaudissements, elle murmura :

— *Empataron ?* Ils ont fait match nul ?

Ce furent ses derniers mots. Elle mourut le lendemain, ma main dans la sienne et mes larmes sur son visage.

Je ne peux plus respirer ni parler. Mon frère a décidé que tout doit aller vite. L'enterrement aura lieu à Honfleur, près de mon père. Mais elle va avoir froid, là-bas ! Elle qui aimait tellement la fête et la chaleur de l'amitié.

Alors, avant de partir pour ce voyage en corbillard, j'organise une réunion au 22, rue Gay-Lussac, un « cocktail », aurait-elle dit.

Tous mes amis qu'elle a connus et qui l'adoraient sont là, ainsi que la moitié des Argentins de Paris. On rit, on chante et mon frère pleure, comme s'il comprenait un peu ma vie de saltimbanque.

¡Ciao Mamita, hasta siempre!

Je ne savais pas qu'elle allait m'envoyer un ange gardien.

La scène se passe quelques jours après à La Rochelle, où le président Belot dit adieu au département pour devenir sénateur de la Charente-Maritime. Un cocktail est donné pour tous ceux qui ont contribué à mettre en valeur le département, et j'en fais partie avec l'aventure de « Fort Boyard ». Le conseil général m'avait beaucoup aidée en rachetant le fort à Jacques Antoine pour un franc symbolique et en se chargeant par la même occasion de tous les travaux nécessaires à la transformation d'un vieux bâtiment en pleine mer en un studio de télévision pour un jeu devenu mythique.

Le président Belot est un grand fan, et c'est avec le sweat-shirt *Fort Boyard* qu'il nous reçoit. La cérémonie est conviviale et décontractée, je ne connais personne et aucun aboyeur n'a annoncé la composition de l'assemblée. Le président Belot m'a embrassée chaleureusement, mais personne ne peut faire le lien entre le logo de son survêtement et moi. Et tout à coup, derrière moi, une voix forte :

— Moi, je n'écoute que France Musique dans ma voiture, et parfois l'intégrale de Jean-Roger Caussimon.

J'adore Ferré quand il chante Caussimon.

« Ma toute belle, ma maman malgré les planches et puis la terre, on se blottira comme on sait le faire. »

Cette même voix chaude derrière moi, mais insidieuse cette fois-ci, bouscule ma nostalgie.

— Je déteste la télévision et les gens qui la font.

Me retourner le plus doucement et discrètement possible pour savoir qui déteste ce que je fais... Devant moi, je découvre un groupe sympathique et, parmi eux, un homme vieux et beau à la fois. Si la voix c'est lui, je l'envoûte. Ce sera mon « premier cheveux blancs ». Je me plante devant lui, cognant ma coupe de champagne contre la sienne.

— Vous avez des opinions assez tranchées, vous avez fait quoi pour être ici ?

Il a l'œil amusé.

— Nous avons créé une association de randonneurs rochelais. Vous aimez le sport ?

Trop tôt pour lui avouer que mon seul exercice est de courir après les taxis, alors je tempère :

— Et que font ces randonneurs ?

— Mer et montagne, par exemple ! Et c'est un exploit, ça, La Rochelle-Courchevel à bicyclette, c'est pas mal non ?

À ce moment, je pense : la route est longue et l'approche va être ardue ! Mais pas tant que ça, la conversation continue.

— Moi, je suis ingénieur, et vous ?

— Oh, moi, pas grand-chose, en fait...

Même pas étonné, il poursuit :

— Je vous donne mon mail : stellaire.com, et vous me donnez le vôtre...

Uppercut ! Je ne vais quand même pas lui donner mon mail professionnel pour qu'il enquête et me découvre. Il est ingénieur, décortiqueur d'ordinateur, ça ne va pas, non, alors j'improvise :

— Ofelia (avec un f) @sfr.fr

— Vous êtes sûre que c'est avec un f ?

Je ne réfléchis pas à la réponse, le naturel revient au galop.

— Oui, ma mère a appris *Hamlet* en espagnol.

Je viens de rencontrer un astronome, et lui, une folle !

Je m'éclipse, j'ai un coup d'avance : je sais qui il est et il ne sait pas que je suis tout ce qu'il déteste dans la vie, une femme de télé, comme on dit. Dans le train qui me ramène à Paris, je crée mon nouveau mail, et à partir de là, c'est l'enfer !

Je mets des plombes à répondre à ses mails et quand je le fais, c'est à des heures inouïes. Il ne sait même pas que je jongle avec les fuseaux horaires. J'ai repris les enregistrements des « Alliances » aux quatre coins du monde, et quand il me demande : « Comment ça va ? Que faites-vous ? », je réponds : « Je viens de mettre une bûche dans la cheminée » alors que je suis sous un soleil de plomb avec une élève qui me fait découvrir les très vieux légumes des Andes qui font de la cuisine du Pérou une des meilleures d'Amérique du Sud. *Clic*, le message crépite : « Mais pourquoi vous me répondez à n'importe quelle heure, vous êtes insomniaque ? »

Basta, j'ai envie de le revoir.

« Écoutez, se parler comme ça à distance, ça ne veut pas dire grand-chose. Moi je vous propose qu'on se voie la semaine prochaine à Paris. »

Il arrive un matin au quai n° 7 de la gare Montparnasse. Je l'attends telle une étudiante qui espère qu'il sera son cavalier au bal de promo !

Nous allons nous promener aux Champs-Élysées, et tout à coup, une furieuse envie de faire pipi m'oblige à lui dire :

— Arrêtons-nous au Fouquet's !

— Pourquoi le Fouquet's ?

— Parce que les toilettes sont bien !

Attention de ne pas trop en dire. Il me suit, même pas surpris. Direction le bar. Et là, j'aperçois les frères Bogdanoff ; j'ai passé des années à refuser leurs projets improbables, et bien sûr, je tombe sur eux juste à ce moment. Je me glisse à quatre pattes derrière le bar et me faufile vers l'escalier monumental qui descend vers les toilettes.

Dans l'énorme miroir du salon de repos, j'entrevois Cécilia, l'ex-femme de Jacques Martin, qui a épousé Nicolas Sarkozy, élu peu avant président de la République.

— On ne t'a pas vue à Lyon ! me reproche-t-elle en m'apercevant en contrechamp dans la même glace.

Quinze ans qu'on ne s'est pas vues, et pourtant l'entrée en matière est directe, sans bonjour ni comment ça va ! Alors j'embraye.

— Mais Cécilia, j'avais un mot d'excuse !

Jacques Martin venait de mourir, l'enterrement avait eu lieu à Lyon dans l'intimité de son équipe. Mais au lendemain de la mort de ma mère, impossible de bouger. J'avais appelé Stéphane Collaro pour lui dire mon désarroi qui excluait tout autre deuil.

— Oui, je sais, admit-elle.

Elle finit de se laver les mains puis se tourne vers moi :

— Tu sais, Marie, je vais te dire un truc, demain je me casse…

Lorsque je remonte l'escalier pour rejoindre l'ingénieur, je suis assez perturbée. Les Bogdanoff ont disparu sans me voir ni me trahir. Alors moi, je m'assieds en face d'Alain.

— Je vous ai commandé une coupe de champagne, me dit-il.

— Merci Alain, je vais en avoir besoin parce que Cécilia vient de m'annoncer qu'elle se cassait… Ça va faire un scandale !

— Vous ne croyez pas qu'il faut qu'on parle un peu ? J'ai l'impression que vous avez des trucs à me dire.

Parce que j'ai l'envie qu'il entre dans ma vie, je lui déballe tout ce que j'ai fait, ce que je vais faire.

— Tu es drôle, quand même, fut sa seule réaction.

Alors on a pu s'aimer tranquillement, mais pas tant que ça, à coups d'allers-retours Paris-La Rochelle. Avec un voyage express à Madrid pour s'extasier devant *Guernica*, l'œuvre complète et tous les développements des personnages. Picasso nous a même entraînés dans sa maison de Malaga et Salvador Dalí dans la sienne à Cadaqués.

Il me reste une seule destination pour clore le cycle des Alliances : Ottawa, où je vais rencontrer trois élèves : une conservatrice du musée de Sciences naturelles, et un avocat pénaliste qui habite une magnifique maison au bord d'une rivière gelée où patinent les enfants des parlementaires de l'État fédéral. Le troisième est un publicitaire coincé dans une sombre histoire de prise d'intérêts. Le soir du deuxième jour, l'équipe technique de Radio Canada version anglophone me propose de traverser la rivière sur le pont qui mène à Gatineau, la dernière ville à l'Ouest où on parle français au Canada. Là se déroule un festival de film francophone. Ah, OK ! C'est rigolo et insolite. Ce qui l'est moins, c'est la neige et le froid. Nous mettons presque deux heures pour parcourir les cinq kilomètres qui nous séparent d'un hangar planté au milieu de voies rapides.

Nous ouvrons la porte entre deux bourrasques et l'odeur du pop-corn nous assaille ! Un escalator nous emmène au premier niveau dans le brouhaha du public, vers le hall et les salles. Des affiches étonnamment chatoyantes indiquent le film qui se joue dans chaque salle et, au bout du hall, sur un grand mur façon cathédrale, toutes les affiches sont réunies pour hurler haut et fort la francophonie.

Après avoir vu un film belge, je demande à rencontrer le patron de cet immense complexe qui, sans rien d'autre que des affiches de films francophones sur un mur, a su créer un moment unique qui dure « toute cette fin de semaine ». L'expression « week-end » est interdite au Québec où on se bat pour la francophonie bien mieux que chez nous. Et pourtant, Didier Farré est français, installé au Canada depuis quarante ans. Je lui demande s'il a jamais pensé à faire venir les metteurs en scène et les acteurs des films qu'il présente.

— Qui voudrait venir ici ? ironise-t-il.

N'empêche que son idée a illuminé mon cerveau. De retour à Ottawa, j'appelle Bertrand de Labbey à Paris. Au fil des années, il est devenu le patron d'Artmedia, la plus grande agence artistique de France. Sans me préoccuper du décalage horaire et sans même lui dire bonjour, je le réveille à 6 heures du matin, heure française !

— Bertrand, est-ce qu'il existe en France un festival du film francophone ?

D'une voix pâteuse, il répond :

— Je me renseigne et je reviens vers toi.

Un silence et puis :

— Mais pourquoi me demandes-tu ça ?

— Parce que je voudrais organiser un festival du film francophone en France !

Après un silence assourdissant, c'est d'une voix claire cette fois que Bertrand continue :

— Mais enfin, Marie-France, pour une fois, sois réaliste... Tu ne connais pas grand-chose au cinéma.

— Je ne veux rien entreprendre sans Dominique Besnehard ! Je ne suis pas folle, quand même !

— Tu as de la chance, tu n'aurais rien pu faire avec lui s'il était resté agent, mais il veut produire et va quitter Artmedia. Appelle-le, ça peut l'intéresser !

Moi, l'appeler ? Il ne me prendra jamais au téléphone ! Même s'il sait probablement que j'ai été la première épouse du patron, il est le fer de lance d'Artmedia, l'agent d'artistes qu'il transforme en stars, le tout-puissant du flair... Il n'a aucune sympathie pour moi, la fille de télé qui appelle directement les acteurs en leur offrant son audimat contre leur présence ! Non, il ne me prendra pas au téléphone et je ne veux pas me ramasser une taule, alors je dégaine.

— Bertrand, je ne t'ai jamais rien demandé de toute ma vie, alors voilà, je voudrais que tu organises un dîner vendredi soir avec lui.

— Et je dois y assister ?

— Non, non, si je ne suis pas capable de lui exposer mon idée, c'est que je ne ferai jamais rien.

Bertrand paraît soulagé, et c'est en nous disant bonsoir pour moi et bonjour pour lui que nous raccrochons.

Le lendemain, juste avant de prendre l'avion pour Paris, je reçois un message de Bertrand. Non, il n'y a aucun festival du film francophone en France. Il en existe un depuis quelques années à Namur, en Belgique. Je ne peux m'empêcher d'avoir une pensée idiote du genre : « jamais entendu parler de ce festival… »

Autre bonne nouvelle, le dîner aura bien lieu vendredi avec M. Besnehard dans un restaurant du XVIIe, près de chez lui… Le jour dit, j'ai cinq minutes d'avance, histoire d'évacuer une nervosité proche du trac.

Lui arrive parfaitement à l'heure, l'air bougon, qu'il ne garde pas longtemps. Nous nous quittons à 2 heures du matin, après avoir tout organisé avec une facilité déconcertante, établi un conducteur prévisionnel en nous mettant d'accord sur une compétition de dix films venus de Belgique, du Liban, d'Algérie, du Québec, du Sénégal et de la France pour la première édition. Nous envisageons aussi de présenter dix avant-premières de films qui sortiront dans les mois à venir, avec un focus sur un réalisateur. Ce sera Cédric Klapisch pour la première année. Nous convenons aussi d'une date pour l'événement, fin août 2008, malgré les réticences de Dominique.

— Mais vous croyez que c'est bien, le mois d'août ? Les gens sont encore en vacances ou sur le point de reprendre le boulot…

— On ne peut pas prôner la francophonie et laisser la saison cinématographique démarrer par le festival du film américain de Deauville début septembre !

L'argument le convainc et marque la fin de notre vouvoiement. La soirée finit en apothéose, avec lui me chantant tout le répertoire de Sylvie Vartan, ma copine d'adolescence qu'il a découverte à dix ans quand sa marraine l'a emmené à l'Olympia pour un concert mythique. Sylvie finissait sa première partie dans la fameuse robe bleue de chez Réal. Dominique et sa marraine sont partis à l'entracte, il y avait école le lendemain, sans se douter qu'ils allaient louper le triomphe des Beatles à Paris !

22

LE DUO INFERNAL

OK, on venait de se mettre un festival sur le dos alors que Dominique Besnehard avait à peine créé sa société de production et que je venais de finir ma première production avec la collection des Alliances françaises dans le monde. Il nous restait huit mois avant la soirée d'ouverture de la première édition du Festival du film francophone d'Angoulême (festival FFA) ! Une paille… Dix jours après notre dîner de rencontre, on s'est retrouvés à Montréal. France 2 m'avait passé commande d'un spécial commémorant les quatre cents ans de la création de l'État du Québec, et avec tous les amis que j'avais au Canada, je n'étais pas trop inquiète. Je m'étais mis en tête de reconstituer le fameux concert mythique de Félix Leclerc, Gilles Vigneault et Robert Charlebois sur les plaines d'Abraham dans les années soixante-dix, dont moi seule avais les images.

Grâce à Robert, j'avais pu être invitée chez Félix Leclerc un an avant sa mort et enregistrer une passionnante « causerie » d'au moins deux heures que j'avais gardée précieusement. Gilles Vigneault avait accepté de me recevoir à Natashquan dans sa maison dans les bois, et je déjeunais avec les Charlebois dans un restaurant de Montréal quand Dominique Besnehard apparut flanqué de sa nouvelle égérie, Ségolène Royal, présidente de la région Poitou-Charentes et surtout candidate à la présidence de la République française. Les présentations faites, tout le monde se retrouva autour d'une grande table. Déjeuner joyeux au cours duquel Ségolène nous annonça qu'elle voulait être la première à faire voter une subvention pour ce festival qui lui plaisait beaucoup ; Robert Charlebois nous fit promettre qu'il ferait partie des invités d'honneur de la première édition.

À la fin du repas, tout le monde retourna à ses activités en se promettant de se revoir très bientôt. L'émission en boîte, je retournai à Paris. Il me restait deux jours (et deux nuits) pour le montage et la diffusion de cette spéciale. Ségolène Royal avait tenu parole. Non seulement la subvention allait être votée au sein de la région, mais elle avait mobilisé le département et la mairie d'Angoulême qui, à travers leur pôle image Magelis, me contactèrent pour me faire passer la semaine suivante un grand oral exposant le projet devant les élus et le président de la chambre de commerce de la Charente !

— Tu vois, ça bouge, disait Dominique, il nous faudrait un cador de la communication pour ficeler tout ça !

Je ne connaissais que Jacques Séguéla, avec qui Bernard Tapie, Jean-Louis Borloo et moi avions mis « Ambitions » sur orbite. La réaction de Dominique fut stridente et m'arrêta net :

— Tu te rends compte de l'image que ça donne, un parachutage avec Séguéla ! Il faut trouver quelqu'un à Angoulême, déjà nous, on va nous accuser d'être des Parisiens...

Je dégainai ma réponse : j'ai une maison en Charente, je suis conseillère municipale du village de Ventouse, et je vais trouver un communicant à Angoulême. C'est le responsable du pôle Magelis qui me fit rencontrer Jean Mardikian, ancien élu, chargé de la culture à Angoulême, qui avait permis la naissance du Festival international de la bande dessinée. Il me parla de son fils Patrick, qui venait de créer son agence de communication et que nous intégrâmes au projet.

C'est avec lui que je fus convoquée pour passer le fameux grand oral devant Michel Boutant, président du département, Philippe Lavaud, maire d'Angoulême, les élus et conseillers généraux, et le patron de la chambre de commerce de la Charente, Daniel Braud.

Je n'étais pas trop en forme mais, si certains ne crurent pas en nous, d'autres nous adoubèrent et, avant même que les subventions ne soient votées, nous fûmes amenés à nous exprimer devant la presse. Dominique fut drôle et brillantissime et rien ne manqua de ce que nous avions annoncé pour cette première édition : un président, Jean-Michel Ribes, et son jury, parmi lequel Jean-François Kahn, le patron de *Marianne*, Nadine Labaki, Fatou N'Diaye et Micheline Presle. Comme prévu, le réalisateur mis à l'honneur fut Cédric Klapisch qui, plus tard, sera le fer de lance de la série *Dix pour cent*. En ouverture du festival, le film de Christophe Baratier, *Faubourg 36*, fait un tabac. Les stars sont venues, pour Dominique évidemment. Gérard Jugnot, Clovis Cornillac, Sandrine Bonnaire, Laura Smet, Lambert Wilson et Fabrice Luchini, venu présenter *Paris* sur la place du Champ-de-Mars, intervention délirante devant plus de 1 000 Charentais.

Les dix films en compétition ont été très bien accueillis. L'Algérien Lyes Salem remporte le Valois d'or avec *Mascarades*. Ursula Meier, la Suissesse, remporte le Valois de la mise en scène avec *Home*, et la Canadienne Lyne Charlebois celui du public avec le détonnant *Borderline* où, dès la première scène, on voit Jean-Hugues Anglade entièrement nu sur un lit à une place.

La cérémonie de clôture ressemble à une toute petite cérémonie des Césars ; *La Chanson d'Hélène*, de la bande originale des *Choses de la vie*, est chantée par Micheline Presle et Patrick Fiori, avant le mot de la fin de Dominique, sur scène avec tout le jury et les artistes. À l'année prochaine !

Ni Dominique ni moi ne cachons notre joie, la première manche était la plus dure. Plus rien ne nous ralentira, sinon la recherche évidente de nouveaux sponsors si nous voulons conserver le prix des séances au plus bas. 20 € le pass qui donne droit à dix séances et nous permet de reverser toutes les entrées au CGR[1] pour leurs salles, à la Cité de la bande dessinée pour leurs deux salles, ainsi qu'à la mairie pour l'espace Franquin. Personne ne fait ça, mais nous on

1. Le groupe CGR est un exploitant français de salles de cinéma.

trouve juste de ne pas faire comme tout le monde, et le public est là… « On a refusé au moins trente personnes par séance », se lamente Dominique, mais on est quand même contents et chacun retourne à ses occupations.

23

UN SOMBRE PRÉSAGE

Et la mienne me paraît évidente : proposer à TV5MONDE une émission hebdomadaire sur l'actualité du cinéma francophone. Un soir, j'en parle à Lio qui se voit bien présenter le magazine. Affaire conclue très vite avec la nouvelle patronne de la chaîne, Marie-Christine Saragosse, qui signe pour quarante-deux émissions !

Ma question à Lio :

— Tu seras capable d'assurer les quarante-deux émissions sans que ça perturbe tes concerts ou tes autres activités ?

— Oui, oui, je me débrouillerai, je serais trop contente !

Elle en parle quand même à son avocat, qui lui conseille de signer avec moi un contrat qui permet de revoir l'engagement au bout de quatre émissions.

Les deux premières émissions sont drôles et pleines de peps. La chaîne est contente mais, à partir de là, Lio se désintéresse de l'affaire. Ça m'inquiète, je n'ai pas de plan B. Il restera trente-huit émissions à fournir à la chaîne. Mais avec qui ?

L'après-midi même, j'appelle tous mes amis. Nathalie Baye, Sandrine Bonnaire, Jean-Pierre Castaldi, François-Xavier Demaison, Robert Charlebois, Samuel Le Bihan, Lyes Salem. Tous disent oui, acceptant d'animer soit trois émissions, soit quatre. Ça m'a permis d'assurer le contrat et de le renouveler, pour atteindre cent quatre émissions. Ce fut une chaîne de solidarité magique, avec des magazines parlant de cinéma et vivant le cinéma. Ce fut une série magnifique au titre prédestiné, « Lumière et caméra », qui me permit de mieux connaître les producteurs, distributeurs et attachés de presse qui gravitaient dans ce milieu que m'avait fait découvrir Dominique.

Mais déjà, il faut préparer la prochaine édition du festival d'Angoulême. Nous avons commencé à voir, à peine montés, pas toujours mixés, les films qui sortiraient à partir de septembre 2008. Et puis nous sommes partis pour un petit tour au Québec, à Gatineau, pour le festival de Didier Farré que je retrouve avec beaucoup de plaisir. Entre-temps, Dominique m'a appris qu'il connaissait aussi très bien Didier, depuis longtemps. Il avait distribué des tas de films français au Canada. Nous allons rapporter de ce voyage *C'est pas moi je le jure* de Philippe Falardeau et *Dédé à travers les brumes* de Jean-Philippe Duval, deux films que nous mettons dans notre panier pour Angoulême. Rentrés à Paris, nous commençons la longue litanie des visionnages. Nous ne voyons que les films qui sortiront entre fin septembre et fin décembre dans les salles, réservant ainsi l'exclusivité de notre choix au public angoumoisin.

Sandrine Bonnaire vient d'accepter d'être la présidente du jury de cette deuxième édition. Nous nageons dans l'euphorie et voyons jusqu'à cinq films par jour au Club 13, la salle de cinéma de Claude Lelouch, pour sélectionner quarante films, dix de plus que l'année précédente. Pour cela, il faut que le CGR mette plus de salles à notre disposition. L'idéal serait qu'ils renoncent aux gros blockbusters américains qui continuent à être programmés pendant le festival. On n'en est pas encore là. Côté finances, ça va... La ville, le département et les premiers partenaires privés, Maison Villevert et Eden Park, nous accompagnent alors que la région n'a pas encore donné sa réponse. On ne s'inquiète pas trop mais on a tort ! Quatre jours avant le début du festival, un communiqué de presse de Ségolène Royal met fin à sa relation privilégiée avec Dominique, lui reprochant de s'attribuer « un rôle politique qui n'existe pas, pas plus que n'existe un rôle de conseiller ou de coach, à chacun son métier ».

Le désaveu est public, à la une de la *Charente libre*, et brutal. Ségolène Royal ne remettra plus les pieds au FFA et Dominique se trimballera un zona pendant les cinq jours du festival...

Bertrand Delanoë nous sauve la vie. En tant que maire de Paris, il est président de l'AIMF, l'Association internationale des maires francophones, et il nous octroie une subvention qui nous permet de ne pas couler. Cela nous donne l'idée de mettre à l'honneur le cinéma d'un pays francophone : la Tunisie ouvrira le bal et le maire de Tunis sera notre premier invité. À son arrivée à la mairie de Paris, Anne Hidalgo perpétuera cette subvention, et jusqu'à maintenant, nous avons honoré les cinémas du Sénégal, du Québec, du Burkina Faso, de la Belgique, du Liban, de la Côte d'Ivoire, d'Haïti, du Luxembourg, de l'Algérie, du Rwanda, de la Suisse et du Maroc.

Mais revenons en arrière. Cette deuxième édition qui avait commencé sous la terreur de la présidente de la région se termine grâce à Bertrand Delanoë, maire de Paris, dans la reconnaissance absolue.

Rien n'est résolu, nous ne pouvons pas nous permettre de telles frayeurs financières. L'association qui nous représente est obscure. Elle nous a été imposée et nous reproche maintenant le désistement de la présidente de la région, qui laisse planer une mise à mort financière au-dessus de nos têtes.

Un événement va nous sauver : la nomination de Frédérique Bredin, avec laquelle j'ai passé des années joyeuses à Antenne 2, à la présidence du CNC. Elle me reçoit et supporte mes confidences inquiètes.

— Mais pourquoi vous ne créez pas une société qui aura pour but de promouvoir le cinéma francophone, ce que vous faites si bien ?

— Nous avons l'obligation de passer par une association car nous recevons de l'argent public !

— Qui vous a mis ça dans la tête ? L'idée vous appartient, j'espère que vous l'avez déposée !

— Oui, à la SACD[2].

— Alors le CNC va vous proposer des avocats qui vous conseilleront dans la constitution d'une société qui ne s'occuperait que du festival, sans aucun lien avec ce que vous pouvez produire chacun de votre côté !

Ce rendez-vous est capital pour moi. Finies les organisations incertaines, je pose mes conditions. Soit Dominique,

2. Société des auteurs et compositeurs dramatiques.

moi et Patrick Mardikian, que nous avons entraîné dans l'aventure, constituons une SARL à trois, soit je laisse tomber et reprends mes documentaires avec lesquels, finalement, je gagne ma vie.

C'est ainsi que nous avons décidé de poursuivre notre chemin en créant la SARL FFA avec le soutien du CNC.

24

SOUVENIRS, SOUVENIRS

La troisième édition du festival s'annonce bien. Dès octobre, Dominique a convaincu Nathalie Baye d'en être la présidente. Elle décide de faire les choses sérieusement, sans se prendre au sérieux pour autant.

Pour une fois, on est en avance ! Je vais pouvoir souffler un peu. C'est compter sans le coup de fil de Bertrand de Labbey :

— Ça va faire dix ans que Gilbert Bécaud est mort, mais il a disparu des radars audiovisuels il y a bien plus longtemps que ça. Il est temps de lui rendre hommage. Qui mieux que toi peut le faire ?

— Mais Bertrand, c'est compliqué, il ne m'a jamais pardonné de t'avoir fait quitter la direction de sa société d'édition pour vivre l'aventure Artmedia !

— Le temps a passé. Appelle Kitty, elle sera contente, je pense…

Cela fait presque quarante ans que je connais Kitty Bécaud. À l'époque, elle venait de rencontrer Gilbert, était top model et parcourait le monde autant que lui. Elle l'avait inspiré !

« Je reviens te chercher, je savais que tu m'attendais, je savais que l'on ne pourrait se passer l'un de l'autre longtemps. »

Elle avait épousé Gilbert et lui avait donné une fille, Emily. Elle n'abandonna jamais Gilbert, l'aimant jusqu'au bout.

Elle m'accueillit dans leur ferme du Poitou toutes ces années plus tard, comme si je l'avais quittée la veille... Elle ouvrit la malle à souvenirs remplie des films Super 8 réalisés par son mari. Le passé me revenait par bouffées...

Emily, petite fille, apprend à monter à cheval, on entend la voix de son père qui l'encourage. Kitty et Gilbert au café Pouchkine construit à Moscou après le succès de la chanson *Nathalie*. Kitty et Gilbert à Tokyo, à Los Angeles, dans la loge de l'Olympia, riant devant les trois costumes bleu pétrole et les cravates à pois assorties pendus à des cintres... Mais aussi Emily enfant avec ses deux grandes sœurs, une autre avec ses deux grands frères... Petits films gais et tendres, témoins de la vie mouvementée de Gilbert.

Avec sa première femme, Monique Nicolas, il a eu deux garçons, Gaya et Philippe, et une fille, Anne. Six mois après, une autre fille, Jennifer, naissait de la passion entre le chanteur et la jolie danseuse Janet Woollacott.

« Quand tu danses, danses devant moi.
Je sens mon cœur qui bat qui bat. »

Pas si simple que ça, l'affaire ! Janet était mariée à Claude François quand elle rencontra M. 100 000 volts.

Claude, inconsolable ou pour se venger, reconnut la petite Jennifer, qui porta son nom jusqu'à la proclamation du divorce en 1967.

Mais tout ça, c'était avant Kitty, qui a toujours voulu réunir dans cette jolie maison près de Châtellerault tous les enfants de Gilbert. Ils grandiront ensemble, et tous ces Super 8 totalement inédits semblent raconter la mélodie du bonheur.

Gilbert voulait à tout prix que tout le monde soit heureux. Lorsque nous allions, Bertrand et moi, passer quelques jours dans le chalet des Bécaud à Crans-sur-Sierre, j'étais angoissée, je déteste la montagne, elle me fait peur, et les déjeuners étaient des supplices tandis que Gilbert s'extasiait : « On est bien, hein, on est bien ! »

N'empêche que cette malle à souvenirs, c'est de l'or ! Ces images filmées par le père d'enfants joyeux sont totalement inédites.

Tous les artistes veulent témoigner mais je les connais trop, alors je demande à Dominique Besnehard de partager l'aventure avec moi. Il interviewe et je filme. Aznavour est en première ligne. Ils ont vécu tant de choses ensemble ! Leurs premières chansons écrites à deux, *Mé qué, mé qué*, les années Piaf, les succès difficiles, l'ascension plus facile de Bécaud, quand les fauteuils sont cassés à l'Olympia par des fans en délire, l'exil d'Aznavour au Canada, les succès de Bécaud en Amérique qui lui vole *Et maintenant* pour le changer en *What Now My* Love, immortalisé par Frank Sinatra. Et puis la tendance s'inverse, Aznavour est aimé des jeunes, il est inspiré, comme ils disent.

Dominique reçoit toutes ses confidences mais aussi celles de Julien Clerc, Serge Lama, Petula Clark, Patrick Bruel, Johnny Hallyday et Nicoletta... *La solitude, ça n'existe pas.*

Les artistes sont amusés de me voir derrière la caméra et adoptent Dominique d'emblée. Il en éprouve beaucoup de plaisir, et moi je suis contente, je me dis que des archives familiales sans tabou et des confidences décomplexées peuvent donner un documentaire original, quand, patatras, Gaya Bécaud, le fils aîné de Gilbert, me demande assez brutalement de retirer toutes les images des enfants au nom du droit moral.

Je m'exécute, dépitée et déçue.

Le documentaire amputé de sa fraîcheur est diffusé sur France Télévisions, avec succès. Peu de temps après, Emily Bécaud m'avoua qu'elle connaissait très bien son papa mais beaucoup moins bien l'artiste... Cela me donna l'idée du documentaire « Bécaud, mon père » où elle raconterait sa version, son enfance et les absences de Gilbert qui l'appelait du bout du monde, après un concert, pour lui demander comment s'était passé sa journée d'école, son bonheur quand il lui demanda de chanter *My Emotions* en anglais avec lui, son inquiétude quand il était tombé malade, son chagrin quand elle comprit que c'était fini.

Le documentaire est entièrement réalisé dans la ferme du Poitou où elle habite encore avec sa mère. Il est diffusé sur France 3 Poitou-Charentes, avec cette fois-ci tous les petits films d'elle et de son père à la caméra ! Cette version repasse souvent sur France 3 Nouvelle-Aquitaine, mais aussi sur TV5MONDE et Public Sénat.

Voilà, Gilbert, je m'étais éloignée de toi, entraînant ton ami, ton complice Bertrand… Mais je voulais te dire que je ne t'ai pas oublié et que je pense à toi souvent…

« Les mauvais coups, les lâchetés, quelle importance…
Laisse-moi te dire, laisse-moi te dire
Et te redire ce que tu sais
Ce qui détruit le monde, c'est l'indifférence[1]*. »*

1. Musique Gilbert Bécaud, paroles Maurice Vidalin.

25

L'APOTHÉOSE

En 2011, on a vraiment franchi une sacrée étape avec le Festival du film francophone d'Angoulême. Début mai, nous avons commencé les visionnages, courant dans tout Paris de salle en salle et avalant des sandwichs entre les projections. Un matin, on nous propose un film d'Olivier Nakache et Éric Toledano, qui s'étaient fait connaître par *Nos jours heureux*, tourné près d'Angoulême. Présage ? En tout cas, ce matin-là, on nous projeta un film non mixé, non étalonné, qui nous enthousiasma et nous fit lever de nos sièges. J'applaudis à tout rompre dans une salle presque vide où seuls deux fauteuils sont occupés, loin l'un de l'autre… et ce sont les nôtres !

C'est ainsi que, trois mois plus tard, *Intouchables* a débarqué à Angoulême, accompagné par les deux réalisateurs et les deux acteurs principaux, Omar Sy et François Cluzet qui, avec surprise et joie, reçurent une *standing ovation* dès la première projection !

Comme les séances étaient décalées de cinq minutes, on a eu droit à une série de quatre triomphes debout, à la façon des olas dans les matchs de foot. On était en plein ramadan et j'avais apporté un verre de lait, des dattes et des amandes pour Omar Sy, qui a pu rompre le jeûne entre deux salles et deux acclamations !

Ce succès si joyeux et spontané a consacré à tout jamais le public d'Angoulême, qui avait su flairer le succès six mois avant tout le monde. Le film est sorti début novembre et a tutoyé les 20 millions d'entrées en France.

Le lendemain matin, à 9 heures, Dominique a emmené la troupe au grand complet à la maison d'arrêt d'Angoulême pour une projection du film. Ils ont cassé la baraque. Dominique m'a raconté ensuite que les détenus tapaient sur les murs en scandant le nom d'Omar Sy !

Intouchables a transformé le festival en porte-bonheur. Désormais, pour les producteurs de films, l'important c'est d'y être, ce qui nous met une pression supplémentaire sur la tête. La sélection devient un atout majeur et nous n'avons pas le droit à l'erreur. En plus, les politiques commencent à fréquenter le festival. À la cérémonie de clôture, au premier rang, Martine Aubry souffle à l'oreille de Dominique : « Vous avez des nouvelles de votre copine Ségolène ? » Tout près, Sandrine Bonnaire a entendu, elle éclate de rire.

Après un succès comme *Intouchables*, comment faire mieux l'année suivante ? Mieux vaut faire différent. Et c'est Thomas Langmann, tout auréolé de ses cinq Oscars reçus quelques mois plus tôt à Los Angeles, qui nous propose l'alternance. L'heureux producteur de *The Artist*, même s'il vient de triompher à Hollywood, a entendu parler du ramdam d'*Intouchables* et nous projette *Stars 80*, un biopic sur les chanteurs des années quatre-vingt. Ça me fait rire, d'autant que, notre folie des grandeurs aidant, nous faisons ouvrir l'aéroport d'Angoulême d'où débarquent le groupe Début de soirée, Gilbert Montagné, Jean-Pierre Mader, Jean Schulteis, Jean-Luc Lahaye, Peter et Sloane, et même Jeanne Mas venue exprès de Los Angeles pour la cérémonie d'ouverture. Un pur délire quand Dominique me raconte qu'il lui avait fait faire des essais pour *L'Été meurtrier* !

Le public fit un triomphe à ce karaoké géant. Même Denis Podalydès de la Comédie-Française, président du jury cette année-là, tapa des mains pendant tout le film, ce qui ne l'empêcha pas, avec les huit femmes jurées à ses côtés, parmi lesquelles Marthe Keller, Audrey Dana, Natacha Regnier et Sonia Rolland, de décerner le Valois de la mise en scène au réalisateur sénégalais Moussa Touré pour son beau film *La Pirogue*.

L'année suivante, la file d'attente pour le film d'ouverture, *Casse-Tête chinois*, n'avait jamais été aussi longue. Pour ceux qui connaissent Angoulême, elle courait jusqu'à l'avenue qui mène à la gare. Cédric Klapisch, le réalisateur, Cécile de France, Romain Duris et Audrey Tautou, les acteurs, suivent Dominique qui fend la foule, signant des autographes et présentant des excuses à tous ces gens qui auront bien du mal à entrer dans les quatre salles, ils sont au moins 1 000 !

J'arrive à en arracher une cinquième aux responsables du cinéma, mais ça ne suffit pas... Que vont faire tous ces gens qui attendent ? Rouspéter ! Du jamais-vu au festival, qui subit sa première crise de croissance. Il nous faut plus de salles, même si le CGR ne peut pas rompre son contrat avec les majors américains qui en occupent six ! Nous menaçons de tout arrêter et faisons peur à tout le monde. On obtient de la direction deux projections supplémentaires à 22 h 30.

Le lendemain, branle-bas de combat et réunion au sommet. La promesse est faite de pouvoir occuper les huit plus grandes salles pour la durée du festival l'année suivante, à la condition d'augmenter un peu le prix des places. 25 € les dix séances au lieu de 20. D'accord, mais il n'y aura plus d'autre augmentation tant que nous vivrons. Pari tenu jusqu'à maintenant !

Je passe, au fil des ans, suffisamment de temps à Angoulême pour y flâner et attiser ma curiosité. C'est ainsi qu'un après-midi, je visite une vieille maison meublée de bureaux, bibliothèques et fauteuils imposants ayant appartenu à tous les maires de la ville du XIXe et début du XXe siècle.

J'ai l'impression d'être dans le décor des *Illusions perdues* de Balzac… Mais je suis simplement au siège des archives de la ville où je rencontre Florent Gaillard, son directeur. D'emblée, il me raconte que New York se serait appelée Angoulême pendant presque quatre-vingts ans ! Qu'est-ce que c'est que cette histoire ?

— L'histoire, comme vous dites, est celle de François Ier, comte d'Angoulême et nouveau roi de France, qui veut rattraper le retard pris sur les Espagnols et les Portugais dans la conquête des mers. Il rencontre à Lyon de riches banquiers florentins qui connaissent le navigateur capable de mener à bien cette entreprise. Il s'appelle Verrazzano, et sa mission sera de remonter la côte Atlantique de l'Amérique du Nord pour y trouver un passage vers l'Asie.

— Et alors ?

— Il ne trouva pas de passage mais découvrit une énorme baie qu'il baptisa Sainte-Marguerite en l'honneur de Marguerite, la sœur du roi. Et il fonda un établissement sur la future île de Manhattan, qu'il appela Angoulême.

— Pourquoi personne n'en a jamais rien su ?

— Mais parce que même François Ier n'en a jamais rien su. Quand Verrazzano revint en France, le roi venait d'être fait prisonnier par Charles Quint, et le navigateur ne put jamais lui remettre le carnet de bord où tout était consigné.

— Alors comment vous savez tout ça, vous ?

Son expression s'adoucit, il sourit et se rappelle :

— Quand j'avais cinq ans, ma grand-mère m'emmena assister à la conférence d'un M. Jacques Habert, professeur au lycée français de New York, qui avait consacré une thèse à cette histoire. Je n'avais pas tout compris mais j'étais sorti de là émerveillé…

Moi, impatiente :

— Et où est-il, ce prof ?

— Il doit être très âgé maintenant…

Je le retrouvai, je l'appelai, il me répondit avec une voix d'outre-tombe :

— Je ne peux pas vous parler longtemps, je suis très malade, mademoiselle. Si vous voulez raconter cette histoire, allez-y, mais faites-le bien.

Il mourut peu de temps après, je ne pouvais plus me défiler.

Il reste à Angoulême beaucoup d'endroits que François Ier a connus. Nous les filmons à l'identique : le couvent des Cordeliers, l'hôtel Saint-Simon, les remparts, la tour des Valois où naquit sa sœur Marguerite.

Puis, aux archives, Florent Gaillard enfile des gants blancs pour nous montrer quelques très vieilles gravures et la copie d'un manuscrit quasi illisible qui serait la copie d'un extrait du carnet de bord de Verrazzano, avec des annotations de sa main dans la marge !

Je suis hébétée, moi qui croyais qu'il n'existait plus rien !

— L'histoire est assez belle, explique Florent Gaillard. En 1904, John Pierpont Morgan, banquier à New York, rachète un lot de vieux manuscrits dans lequel se trouve une lettre de Verrazzano, adressée à Giulio Macchi di Cellere, et le double du manuscrit envoyé au roi.

— Alors allons-y, je m'exclame, et j'emmène mon mari !

Oui, je sais, mes grands discours ont viré de bord ! J'ai remplacé allègrement remariage à jamais par récré à perpétuité. Alain et moi nous sommes mariés quelques années plus tôt. Nous n'avons rien dit à personne et, peu avant la cérémonie, nous sommes allés frapper à la porte de nos voisins de palier, quai Duperré à La Rochelle, pour leur demander s'ils voulaient bien être nos témoins. Ils ont dit oui, sans nous connaître, et nous les avons définitivement baptisés « les Féeriques ». Après la mairie, nous sommes allés fêter ça tous les quatre chez Coutanceau, un déjeuner arrosé d'un magnum de Roederer. Nos témoins nous ont raconté qu'ils avaient fêté la nouvelle année par un dîner sublime à deux mais avec dix déguisements chacun, réunissant ainsi une vingtaine de personnages autour de la table. Un tableau pour chaque costume, charleston, tango, valse, rumba, chacha... Décidément, ils avaient le sens de la fête !

C'est à eux que je pense en souriant dans l'avion qui nous emmène vers New York. Alain s'est lié d'amitié avec Florent Gaillard et lui a proposé de lui servir de coach pendant le tournage. J'espère surtout qu'il va lui faire oublier la caméra, cette intruse capable de déstabiliser le directeur des archives si ferme et passionnant. Dès l'arrivée, je retrouve Nicole Devilaine, la correspondante de France Télévisions à New York avec laquelle j'ai organisé tant de choses pendant mes années télé.

J'hérite d'un cameraman russo-américain et d'un preneur de son mexicain. Ça va être rude. Je vais moi aussi avoir besoin d'Alain, qui se transforme en script pour mettre un peu d'ordre dans les séquences que nous tournons, toutes à l'envers : le musée de New York dont le directeur, Michael Ryan, nous montre une carte de 1548 qui mentionne le lac d'Angoulême, puis rendez-vous au Lycée français en hommage à Jacques Habert, dont certains professeurs se souviennent, et à la fameuse université de Columbia où sa thèse est exposée. Nous filmons l'Alwyn Court Building dont la façade est peuplée de salamandres, emblème de François Ier. Mais toujours pas de réponse à la demande d'autorisation de filmer à la Morgan Library pour trouver le fameux second récit de Verrazzano, s'il existe... Pour tromper notre impatience, je décide que nous allons revivre l'arrivée de Verrazzano avec panache. Le lac Marguerite est devenu l'Upper New York Bay. Florent Gaillard est à la proue du ferry voguant vers Manhattan. Le vent me claque le visage. Le cadreur a du mal à se tenir debout ; je me retourne, Alain est blême. Prêt à s'écrouler, arrivé à quai, il abandonne le tournage et retourne à l'hôtel, le fameux Sofitel immortalisé par les turbulences de Strauss-Kahn. Je le retrouve le soir, il est allongé mais tout drôle…

— L'hôtel est à la hauteur de sa réputation… Trois fois, la femme de chambre est passée pour voir si j'allais bien et si je n'avais besoin de rien.

Le lendemain, Alain est parmi nous. Nous avons enfin l'autorisation de filmer, dans la bibliothèque très privée de J. P. Morgan, le fameux manuscrit de Verrazzano, écrit en italien et magnifiquement restauré. Ce journal de bord comporte des annotations de la main de l'auteur… Incroyable, fantastique, mission accomplie.

Dans l'avion du retour, alors que nous trinquons à la fin de l'aventure, je ne sais pas encore que le malaise d'Alain à New York n'est que le début d'une très grave maladie.

26

CHANGEMENT DE CAP

À Angoulême, Philippe Lavaud, le maire qui nous a tant aidés au début, est parti, battu aux élections par Xavier Bonnefont. Va-t-on nous aussi partir avec l'eau du bain ? Il semble que non. Le nouveau maire nous téléphone, il a l'intention de faire flotter le drapeau du pays invité au balcon de la mairie avec les étendards français et européens.

Nous sommes en 2014, le FFA honore le Pays des hommes intègres et ce sont plus de cinquante Burkinabés qui débarquent à Angoulême, le Premier ministre en tête et presque tout son gouvernement, suivis par des journalistes, des photographes, une équipe de télévision au grand complet et tous les danseurs du grand ballet d'Irène Tassembédo.

Le film de Tonie Marshall *Tu veux ou tu veux pas* fait un tabac en ouverture, avec Sophie Marceau, Patrick Bruel et Sylvie Vartan, obligés de monter sur la scène pour honorer la *standing ovation* du public. Le lendemain, Annie Cordy fait une arrivée en fanfare avec sa vieille Mercedes bleue et ses deux caniches blancs pour présenter le très joli film de Jean-Paul Rouve, *Les Souvenirs*. Les photographes l'accueillent en lui chantant « Tata Yoyo ». À la fin de la projection, elle lit avec émotion la grande page que *Le Monde* lui a consacrée. Elle se penche vers moi :

— Tu te rends compte, ma belle, si on avait su, quand je venais chanter dans tes émissions, qu'un jour *Le Monde* me consacrerait une page aussi dithyrambique ! Décidément, Dominique et toi avez inventé un festival magique.

Elle m'embrasse sur les deux joues, et je suis contente.

Le jury présidé par Sabine Azéma distingue *Hippocrate* de Thomas Lilti : Valois d'or. Le film atteindra quelques mois plus tard le million d'entrées.

La cérémonie de clôture s'achève en beauté. Les ballets du Burkina Faso ont entraîné sur scène tous les lauréats et leurs trophées, rejoints par la délégation officielle. La joie sera de courte durée pour le Premier ministre, Luc-Adolphe Tiao, et sa délégation : à leur retour, un soulèvement populaire renversera le président Blaise Compaoré et tous ses ministres.

Avec l'édition suivante, on frôla la catastrophe à cause d'un train. Dominique avait convaincu Jean-Hugues Anglade d'être le président du jury. Il avait promis d'arriver la veille de l'ouverture pour faire la promotion du festival. Quelques jours avant, en voiture vers la *Charente libre* pour une interview, Dominique et moi sommes très joyeux à l'idée de reconstituer le couple mythique Béatrice Dalle-Jean-Hugues Anglade dans un *37°2 le matin* de cinémathèque, quand tout à coup, un flash d'information fracasse notre bonne humeur.

« Le train Thalys 9364 reliant Amsterdam à Paris a été victime d'une attaque terroriste. Le comédien Jean-Hugues Anglade qui était à bord a été blessé à la main en brisant le verre de protection de l'alarme. Un homme armé a été maîtrisé par deux militaires américains en permission. »

Nous sommes sous le choc.

Première décision : on arrête la voiture, la *Charente libre* nous attendra avec ses questions embarrassantes.

Deuxième décision : on attend... le coup de fil de Jean-Hughes.

Finalement, il appelle Dominique :

— J'ai un énorme pansement à la main, je peux venir quand même ?

Troisième décision : on redémarre, sachant que nous allons donner à la *Charente libre* leur une du lendemain.

Cette édition fut grave, à cause des attentats à la rédaction de *Charlie Hebdo* quelques mois plus tôt. Les mesures de sécurité furent drastiques et le palmarès coup de poing, couronnant le film de Nabil Ayouch, *Much Loved*, avec un Valois de la meilleure actrice pour sa comédienne Loubna Adibar. Émue, elle prit la parole :

— Je veux partager ce Valois avec toutes les femmes qui, chaque jour, se battent pour faire respecter leurs droits.

Elle faisait ainsi allusion à l'agression qu'elle avait subie dans son pays. Le public se leva et l'acclama.

À ce jour, le Maroc n'a toujours pas sorti le film.

Dès la fin du festival, je commence au siège de France Télévisions, à Paris, le montage de *Et si New York s'appelait Angoulême*. Il va durer six semaines. Au début, Alain vient souvent me rejoindre, la postproduction du documentaire auquel il a participé l'amuse. Voir disparaître au montage les grosses galères de tournage pour ne laisser que l'aventure à l'état pur qui s'accole à l'histoire, un peu rêvée, un peu revisitée, et qui se raconte avec l'envie d'en savoir plus. Nous rions beaucoup, mais très vite, prétextant que la cantine du grand paquebot France Télévisions lui file des crampes d'estomac, il décide de retourner m'attendre à Angoulême. Moi, je ne vois rien ; il a un peu maigri mais, inconsciente, je le trouve beau.

Nous avons, avec le recul, oublié toutes les mauvaises surprises du tournage pour ne garder que les bons souvenirs de New York. Le lendemain du PAD (« prêt à diffuser », ce qui veut dire que le documentaire est fini et attend sa diffusion), les projections des films pour la prochaine édition du festival me sautent au collet ! Un long mois passé dans le noir pour Dominique et moi, dans le plus grand secret. Nous sommes emballés par *Le Sens de la fête* d'Éric Toledano et Olivier Nakache, ce sera le film d'ouverture, et pour la première fois, le CGR acceptera d'ouvrir les onze salles. Nous avons vaincu le cinéma américain ! Mais on n'en est pas là, les projections s'éternisent, nous voulons voir tout ce qui va sortir dès mi-septembre prochain jusqu'au mois de décembre, il faudra choisir et ne pas se tromper.

Un soir d'une journée marathonienne de projections, Ariane Toscan du Plantier, avec laquelle je suis restée très amie depuis nos débuts à TF1, vient me chercher comme à la sortie de l'école pour m'emmener à l'inauguration de l'exposition dont elle est l'instigatrice et qui célèbre les cent vingt ans de la Gaumont.

Ça se passe au Centquatre, endroit gigantesque et magique devenu très à la mode. Ariane m'épate ! C'est magnifique, à tel point que je lui propose de partir le week-end suivant à Angoulême. Direction les studios Paradis, doux nom qui cache un hangar rempli de toiles d'araignée, de pans de vieux décors et d'un train fantôme, pâle copie du somptueux Orient-Express, vieillissant et lugubre, et d'une rue pavée, à contre-jour, dont le bruit des seaux d'eau en fait une mauvaise évocation de *Chantons sous la pluie*…

Et tout d'un coup, la voix d'Ariane…

— Ne me dis pas que tu es assez folle pour imaginer l'expo Gaumont là-dedans !

— Non, non, mais on pourrait peut-être l'adapter à l'endroit, je ne sais pas, moi, par exemple cette pauvre rue pavée, imagine-la sous le couvre-feu, avec les silhouettes de Jean Gabin et Bourvil qui se détachent, ça peut faire croire à *La Traversée de Paris*, non ?

Jusqu'à la nuit, nous faisons notre cinéma dans cet endroit qui reprend vie. Et cette histoire de filles, comme le dira Dominique, deviendra une exposition flamboyante et gratuite, enjambant le festival, de juillet à fin décembre 2017, battant tous les records de fréquentation et honorant par la même occasion le dixième anniversaire du FFA.

J'ai le souvenir d'une édition folle où notre nouveau partenaire, Richard Mille, nous offre sur un plateau l'un de ses prestigieux clients, le plus francophone de tous les acteurs et réalisateurs américains : John Malkovich.

Je me souviens aussi de François Hollande, fraîchement libéré de ses tâches de président, déambulant dans les jardins d'Angoulême et découvrant avec délice selfies et dédicaces. Et puis Mme Ouattara, digne représentante de la Côte d'Ivoire, le pays invité, arpentant la rue piétonne en compagnie du maire, suivis de près par toute la troupe de Magic System et arrivant au théâtre où tout le monde se retrouve pour un concert endiablé.

Ah oui, ce fut une belle édition ! au point que le journal *Le Monde* nous baptisa la « cabine d'essayage du cinéma français ». L'année d'après, en 2018, Karin Viard, nouvelle présidente du festival, enthousiasmera le public angoumoisin.

Après ça, repos ! J'avais promis à Alain de nous donner du temps : la douce vie, disait-il. Nous avons pris l'avion pour fêter Noël sous les tropiques, en République dominicaine. Le jardin de la maison de Río San Juan est magnifique, le sapin que nous avons planté il y a dix ans a pris des allures tropicales. Nous y accrochons nos guirlandes, qui se trémoussent au rythme chaloupé des alizés.

Nous finissons l'année Chez Papi, un restaurant sur la plage de Cabarete, et aux douze coups de minuit, des centaines de lanternes illuminées s'envolent au rythme de la bachata et des baisers tendres. Alain a raison, la vie est douce avec lui, et une nouvelle idée a surgi à Saint-Domingue, au musée de l'Homme, dans une exposition consacrée à l'art taïno. Une vitrine de plats et céramiques attire mon attention : j'ai vu pratiquement les mêmes dix ans auparavant au musée de Fort-de-France !

— Encore une histoire d'alizé, commente Alain.

N'empêche qu'à partir de ce moment, nous nous laissons entraîner par ces aborigènes qui ont vécu là, dans notre île, quelques siècles avant l'arrivée fracassante de Christophe Colomb et de ses caravelles. La suite, on la connaît…

De retour au village, nous étalons sur la grande table carrée du jardin notre butin, les quelques livres achetés à la bibliothèque du musée de l'Homme à Saint-Domingue et des cartes de la République dominicaine que les Taïnos avaient baptisée Quisqueya, ce qui signifie « mère de toutes les terres ».

Nous allons voir l'institutrice de Río San Juan qui nous révèle que beaucoup de noms taïnos ont traversé les frontières et le temps : hamac, ananas, goyave, canoë, tabac, ouragan, et plein d'autres qui nous tournent la tête. Nous avalons des kilomètres à la poursuite des vestiges. Tous les musées y passent, ainsi que les grottes où les caciques organisaient des célébrations religieuses et entraient dans des transes sévères en inhalant des plantes restées secrètes, mais faisant encore partie de la pharmacopée dominicaine d'aujourd'hui. Et puis nous apprenons que les Taïnos ont vécu à Puerto Rico et y ont combattu les Espagnols. Alors un soir, nous prenons un ferry des années cinquante pour San Juan, à une nuit de Saint-Domingue. Vieille cabine dont on devine encore la splendeur, vieille salle à manger dont on devine encore les moulures, vieux casino où un croupier figé fait tourner dans un grincement une roulette d'un autre âge.

Au petit matin, l'arrivée dans la baie portoricaine est époustouflante ! Pendant deux jours, nous allons rencontrer des archéologues qui, avec panache, nous décrivent leurs fouilles. Toutes ces informations digérées en si peu de temps ne font pas un projet, on verra ça plus tard, d'autant qu'à la fin du séjour, Alain se plaint beaucoup de maux d'estomac, de ventre, de dos ! Des amis arrivés de la Métropole m'engueulent de n'avoir pas poussé Alain à voir un médecin. Il faut dire que je ne suis pas la bonne candidate pour ça, je me méfie des médecins au point de n'en avoir pas vu depuis une bonne vingtaine d'années. Un ami, insistant, prend rendez-vous avec un de ses copains… Alain capitule, nous rentrons en France.

Le retour vers la France est anxiogène. Alain ne va pas bien. Une batterie d'examens, de radios, de scanners a été prescrite avant une convocation médicale à laquelle il me demande de l'accompagner, comme pour exorciser le rendez-vous. Il reste longtemps dans le bureau du docteur. J'ai épuisé la lecture de tous les vieux magazines dans la salle d'attente, *Chasseur français* compris, pour tromper l'impatience… La porte s'ouvre enfin et en sortent le médecin et Alain, qui me dit :

— Je vais chercher la voiture, je t'attends.

Juste le temps d'entendre les mots précipités du docteur :

— Nous sommes le 15 mars, le 15 août, votre mari nous aura quittés.

Je ne sais pas comment j'ai pu regagner la voiture ni le convaincre que la chimio, c'était bien ! Tout s'accélère, la préparation du festival n'attend pas. Le pays invité est le Luxembourg, le grand-duc et la grande-duchesse acceptent l'invitation et, protocole oblige, nous envoient le grand chambellan pour régler tous les détails. Angoulême va gagner ses lettres de noblesse. Pour la première fois, la cérémonie de clôture applique l'étiquette du smoking obligatoire ! Branle-bas de combat dans la ville ! Les négoces de location de tenues de soirée sont dévalisés à Bordeaux, et Alain se lance dans une course contre la montre pour se faire faire un smoking sur mesure.

Il maigrit tellement entre deux essayages qu'à chaque fois, les aiguilles refont le jeu…

Il va anticiper le pronostic du médecin : il meurt le 6 août, quatorze jours avant le début du festival… non sans m'avoir prévenue qu'il n'était pas sûr de pouvoir me faire un signe, dorénavant. Il sera incinéré dans son smoking trop grand. Juste avant, j'ai déposé son accréditation VIP sur le cercueil. Tout le monde est en pleurs… Il mérite bien ça !

Je suis tellement soutenue, portée, protégée par Dominique et toute l'équipe que j'avance, j'organise, je gère comme un poulet à qui on aurait coupé la tête et qui continuerait à courir !

L'édition fut protocolaire et décalée. Deux jours avant le début, Jacqueline Bisset transforma pour moi sa belle chambre du Saint-Gelais en un showroom et défila avec ses tenues sorties de malles hollywoodiennes pour que nous choisissions ensemble sa robe de la cérémonie d'ouverture.

Le protocole fut respecté jusqu'au bout des pieds, puisque le grand-duc et la grande-duchesse exhibèrent de magnifiques charentaises noires brodées aux armes du royaume !

The show must go on…

27

NAPOLÉON, SES ÎLES ET LE COVID

Après la fin du festival, en septembre, quand le bilan fut fait et les comptes rendus, je supplie les dieux de l'univers d'encombrer mon cerveau pour empêcher mon cœur de pleurer… Une nuit, alors que j'écoute France Culture, je surprends un historien dont j'ai oublié le nom se demander au micro comment trouver une idée originale pour fêter, l'année suivante, le bicentenaire de la mort de Napoléon.

L'idée me vient de suivre l'empereur dans toutes les îles qui ont traversé sa vie.

De la Corse de son enfance à l'île de la Cité de son sacre, de l'île d'Elbe et son empire de pacotille à l'île d'Aix de la dégringolade, jusqu'à son ultime apothéose et sa fin légendaire à l'île de Sainte-Hélène, inaccessible, au milieu de nulle part, qui l'immortalisa à tout jamais.

Pas mal, non, d'oublier les guerres, les victoires et les défaites, pour ne le suivre que dans son parcours insulaire ? Je n'ai aucun mal à convaincre France 3 Nouvelle-Aquitaine de la pertinence de l'idée. Seule condition imposée par la chaîne, que le programme soit prêt à être diffusé le 5 mai de l'année suivante, commémoration oblige. Je ne réalise pas l'énormité du contrat que je signe. Nous sommes fin septembre et je suis impatiente de me mettre dans les pas de l'empereur, et non pas dans sa tête !

Fastoche ! Je commence par la Corse. Cette île, je la connais et je l'aime. J'emporte *Le Mémorial de Sainte-Hélène*, écrit par Las Cases sous la dictée d'un Napoléon en exil qui veut forger sa légende. Ce livre sera mon guide dans toutes mes pérégrinations. À Ajaccio, trois jours de tournage. Je me laisse guider par le *Mémorial* à la découverte du jeune Nabulione, fils de Charles Bonaparte et de Letizia Ramolino, né précipitamment juste après la messe…

> « Le 15 août, elle revenait de l'Église lorsque les douleurs la prirent. Elle n'eut que le temps de rentrer et de me jeter sur le tapis. »

Moi, l'œil de la caméra, je vagabonde dans la maison natale de la rue Malherba et m'attarde sur un portrait du jeune Nabulione. Je suis en compagnie de l'historien Antoine-Marie Graziani qui me raconte que le bébé avait les traits fins, des petits pieds et une tête un peu grosse.

Je suis l'historien à l'école des Jésuites, où l'enfant est studieux, et vers ses lieux préférés, la chapelle des Grées et la grotte du Cagone. L'enfant est vif, bagarreur, et ne parle que le corse, ce qui lui vaudra un délit de sale gueule lorsqu'il arrivera à l'école militaire sur le continent : les étudiants se moquent de sa figure sombre, de son drôle d'accent, et le traitent de migrant. À son retour sur l'île, auréolé de son grade de lieutenant, il fait agrandir la maison natale en achetant l'appartement d'en face ; le couloir y menant devient la petite galerie des glaces de la rue Malherba d'Ajaccio.

Le troisième jour de tournage est plus grave. La Citadelle, la place de l'Olmo et son arbre immense, le jardin Cataneo jusqu'à l'Assemblée corse, où Paoli et Bonaparte s'affrontent. L'indépendantiste chasse Napoléon et toute sa famille de l'île en 1791. Il n'y reviendra jamais.

De retour à Paris, les ennuis commencent… Les journaux télévisés sont envahis par les images des villes désertées de Chine plongées dans un Covid profond. C'est quoi, ce virus qui emprisonne tout un continent ? Et s'il lui venait l'idée de voyager ! J'organise tout de même la journée de tournage sur l'île de la Cité où se trouve Notre-Dame, cathédrale du sacre de l'Empereur. Je me fie à la toile de David exposée au Louvre qui reconstitue la cérémonie, à un détail près : dans le tableau, Letizia, la mère, trône près de son fils… En réalité, elle n'y assista pas, contrariée par un je-ne-sais-quoi !

Avec ce début de propagande, je sais déjà que je vais me laisser entraîner par la mégalomanie romanesque de l'Empereur. Et la visite de la prochaine île, Elbe, un empire d'opérette offert à Napoléon sous forme d'exil, devrait confirmer mes craintes.

Au dernier moment, mon équipe et moi sommes stoppés net par la fermeture des frontières de l'Italie et la suppression de tous les vols qui y mènent. La peur du Covid est de plus en plus menaçante pour toute l'Europe. Il faut partir vite et loin. Sainte-Hélène s'impose… On rétablira l'ordre chronologique au montage ! Train jusqu'à Londres, taxi jusqu'à un aéroport militaire où nous embarquons dans un gros-porteur transportant les fonctionnaires et militaires anglais assurant la relève sur l'île. Chaque année, toute l'administration de l'île est ainsi renouvelée. Après dix heures de vol, nous apercevons Sainte-Hélène, bastion au milieu de l'océan. Les collines sont abruptes et l'atterrissage périlleux se fait dans un silence de mort !

L'arrivée est bizarre. Dans le tout petit aéroport de l'île, nous sommes accueillis par des cosmonautes, avec scaphandriers et combinaisons blanches. Des sons nasillards nous imposent deux colonnes, une pour les fonctionnaires et militaires anglais qui passeront quatorze jours en quarantaine dans une prison désaffectée battue par les vents, avant d'effectuer la relève de ceux qui vont partir. Et nous, poussés vers un homme grand et sombre.

— Je suis le consul de France, gardien des lieux où vécut l'Empereur, et j'ai accepté de me confiner avec vous à Longwood, la dernière maison de Napoléon.

Nous parcourons les 35 km qui nous séparent de Longwood dans un camion blindé. Le paysage est magnifique, nous sommes joyeux et surtout inconscients quand, à mi-chemin, nous annonçons au consul Michel que nous avons apporté une caisse de champagne pour nous permettre de surmonter ce confinement inattendu, mais pas n'importe où quand même ! Sa réaction laconique provoque une chute spectaculaire de notre bonne humeur.

— Vous allez pouvoir filmer dans la maison et le jardin pendant votre confinement, mais vous aurez le temps, l'avion ne viendra vous chercher que dans quarante-huit jours !

Mais j'avais prévu quinze jours de tournage ! Comment survivre, après ? Et comment payer l'équipe pour tous ces jours superflus ?

L'arrivée à Longwood a lieu dans un brouillard très londonien. La maison est grande et belle, elle ne ressemble plus à la bâtisse insalubre décrite dans le *Mémorial*. Elle a été rénovée en l'attente de la commémoration très chic des deux cents ans de la mort de Napoléon, qui se prépare activement et n'aura jamais lieu. Plus aucun moyen d'atteindre l'île. La croisière du siècle était prévue en compagnie d'historiens célèbres et de personnalités, Stéphane Bern en tête. Le rêve n'est plus permis et les avions en provenance d'Afrique du Sud sont restés au sol ! Après trois jours d'abattement où je dévore le *Mémorial* de fond en comble, je me rends compte que je suis la solution. Non seulement je vais pouvoir mettre mes pas dans ceux de l'Empereur, mais je vais être son envoyée spéciale vers les médias lointains avides d'images.

J'appelle Stéphane Bern un soir, assise dans un fauteuil dos au feu, comme le faisait Napoléon… (la folle !).

— Écoute-moi, Stéphane, tu n'as pas pu venir, mais si tu veux, je peux filmer la fin de Napoléon telle que la racontent les livres et les gravures d'époque. Le drame dans un climat tourmenté, un décor sinistre, une maison lugubre, un paysage hostile, dans l'enfermement absolu. Bien sûr, ce tournage inédit t'appartiendra. Je te demande simplement de couvrir les frais de mon équipe et de moi-même le temps que durera ce tournage.

Et du temps, on en a… C'est ainsi qu'un « Secrets d'histoire » nous sauva la mise et nous permit de bien partager les tournages. À Stéphane et son prime time, le lit de l'agonisant transporté à la hâte près de la porte-fenêtre du grand salon, laissant passer l'air nécessaire aux trois derniers jours de l'Empereur. Les longs baldaquins de Jannis, le fauteuil de son fidèle serviteur près du lit, la carafe et le verre d'eau sur la table de nuit, les volets entrebâillés pour ne laisser passer que la lumière nécessaire au teint blafard de l'Empereur. La pluie qui ruisselle au-dehors, le vent qui balaye les fleurs magnifiques du jardin.

Pour Stéphane, nous n'avons tourné les extérieurs que les jours de tempête, rendant plus effrayants les hauts rochers de basalte volcanique que le drone dompta en images diaboliques, découvrant des tours de garde perchées au sommet des montagnes inaccessibles.

Ce fut notre contribution au « Secrets d'histoire » diffusé en mars 2021. Pour notre documentaire, nous avons gardé la douceur de vivre sur l'île avant la maladie. Ce grand salon reconstitué en salle de jeux et de conversation, avec l'énorme tapis trouvé dans le grenier à grain, la salle à manger très protocolaire où les gardes anglais portaient les tenues impériales pour les repas d'apparat. Les soixante personnes qui avaient suivi l'Empereur constituaient la cour, où l'étiquette était respectée. Je garde le souvenir des balades à cheval de Napoléon dans une nature magnifique. J'ai pu le suivre de loin (enfin, longtemps après) car il avait consigné tous ses déplacements équestres. Il bénéficiait d'une écurie d'une quinzaine de chevaux et de quatre carrosses légers pour les sentiers montagneux, d'où l'on découvre au détour d'un col une vue vertigineuse sur la mer. Le pavillon des Briars, où il avait tissé des liens d'amitié. Et cette auberge à Saint-James où la propriétaire actuelle collectionne statuettes, effigies et autres babioles à l'image de l'Empereur, jusque sur les pintes de bière, qu'elle vend aux quelques touristes égarés là ou aux marins au long cours des grands voiliers de course amarrés au large. J'ai le souvenir aussi de la réception donnée en notre honneur par le gouverneur de la reine lors de notre déconfinement. Ce fut austère et gai à la fois, au milieu de la haute société de l'île habillée dans un style années cinquante de tenues trouvées dans l'unique boutique de l'île, dont le stock doit être inépuisable. Et les neuf cents habitants de la capitale que l'on retrouve partout, dans « la » boîte de nuit le long de la mer, à l'église, chez les marchands de légumes à la fois *british* et exotiques, chez les pêcheurs du port, et ce reggae lancinant que l'on entend partout et qui rythme les heures et les jours !

Tout cela imprègne mes images et mon cœur. Le séjour est long, et même si nous tournons beaucoup, je me rends compte que je suis en train de faire le deuil de mon mari en filmant le boudoir où l'Empereur se repose de plus en plus souvent, lisant les livres de ses victoires, de ses guerres, sans trop s'attarder sur les défaites qu'il fait corriger cent fois, et ses bains dans la baignoire du cabinet attenant qui durent des heures et des heures.

Je sors dans le jardin immense pour respirer un peu, et là, je crois voir un épouvantail à l'effigie de Napoléon planté là, tournoyant au milieu des hautes fleurs bleues et blanches. Je lui hurle dessus, des cris rythmés par les vagues et le vent, jusqu'à ce que tout sorte ! Au quarante-huitième jour, l'avion s'est enfin présenté au-dessus de nous, tel un aigle piquant sur la montagne.

Au retour, deux îles nous attendaient dans le désordre, nous obligeant à un flash-back de l'histoire. Aix, sous le vent et la pluie, semblait raccorder avec Sainte-Hélène. Mais ce n'était que le prélude ; la fin, on la connaissait déjà. Le Covid avait rendu l'île déserte et on avait deux jours de tournage pour sceller le destin de Napoléon. Le débarquement interdit, la longue marche vers la maison du conservateur. La caméra explore les pièces du bas, les pièces du haut, en quête d'un indice : Napoléon a-t-il cru que les Anglais le laisseraient partir vers une nouvelle vie rêvée en Amérique ? Et l'abdication, dans cette petite chambre, tout près de la fenêtre donnant sur un minuscule jardin. Le ferry nous ramène le lendemain sur la terre ferme.

Le confinement s'achève en Europe et on peut enfin aborder l'île d'Elbe et son empire de pacotille de cent jours. Là, la caméra devient people.

Le premier palais : la villa Mulini, en plein centre de Portoferraio, où il mena grand train, faisant construire un théâtre adjacent qui devint une salle des fêtes. La deuxième maison est hors de la ville : la villa San Martino, petit palais d'été. Et puis une troisième maison, l'ermitage de la Madone, là-bas dans la montagne, d'où, par temps clair, il peut apercevoir son île natale, la Corse. Pour le tournage, nous avons loué une Jeep assez grande pour transporter caméra, drone et matériel de son en plus de nous, et assez haute pour qu'au premier jour, mon genou craque dans une douleur infernale alors que j'essaie d'atteindre le marchepied. J'ai fini le tournage en chaise roulante, avec des piqûres de morphine. Au retour, à Paris, je fus opérée dans une clinique très chère par un chirurgien très maladroit qui m'estropia à vie… La douleur pour toujours.

28

ÉCRIRE À DEUX

En finir au plus vite avec Napoléon et ses îles, avant de se replonger dans la préparation de la prochaine édition du festival ! Je suis pressée, mais toutes les salles de montage de France Télévisions sont occupées. La « maison mère » m'envoie chez POM'ZED, un nom archiconnu d'Arte ou de National Geographic, mais pas de moi !

Je débarque donc, avec un genou en feu et une canne culte, celle que Serge Gainsbourg m'avait donnée quand je m'étais cassé la jambe.

Cette canne, ma monteuse et moi allons passer six semaines de montage dans cette société qui, au début, m'accueille comme une paria. Que vient faire cette « paillette » dans l'antre des documentaristes chevronnés…

L'atmosphère élitiste évolue un peu à mon avantage lorsque « ceux qui savent » découvrent que j'ai choisi Erik Truffaz pour composer la musique de mon documentaire. Sa trompette magique navigue entre tarentelle et reggae dans un swing incroyable.

Un soir, on frappe à la porte de notre « cellule » de montage. Croyant qu'un des « sages » vient se plaindre du bruit, ou plutôt de cette musique lancinante dont j'ai besoin pour monter en rythme les images, je décide d'aller moi-même ouvrir la porte au grincheux supposé.

Un homme éminemment sympathique se présente :

— Je m'appelle Yves Jeuland, je suis dans la pièce d'à côté et je suis en train de monter un documentaire sur Montand, pour France Télévisions.

Et moi, stupide :

— Ah, c'est bien, il le mérite !

Mais déjà, il m'entraîne dans sa « cellule » :

— Pour le doc, je vais seulement me servir de son Olympia de 1981, celui que vous avez enregistré, Catherine Allégret et vous !

Montand est devant moi en costume marron, dégingandé. Je me retrouve face à cette image d'il y a si longtemps, de lui chantant :

« Le jour de son premier combat
Fallait un nom, l'en avait pas
Comme la mode était à l'anglais
Il s'appela Battling Joe »

Je chante avec lui et remercie le réalisateur de ce rembobinage de ma vie qu'il vient de me faire partager. Tout à coup, je m'inquiète : ça fait tellement longtemps ! Le concert avait été enregistré en mono.

— Mais comment vous allez faire pour superposer sur les lèvres de Montand la version intégrale en stéréo qui est sortie il n'y a pas très longtemps ?

— Ne vous inquiétez pas, j'ai le meilleur pour ça, il s'appelle Bruno Lagoarde.

« Le meilleur pour ça », je vais le rencontrer très vite, une fois le montage fini.

— Salut, je suis le mixeur, dira-t-il en guise de présentation.

Je ne sais pas s'il m'a choisie ou si je ne suis que le bouche-trou de la semaine qui lui permet d'attendre le prochain projet de son réalisateur fétiche : Yves Jeuland.

Quand je débarque dans son studio, il fait quasi noir. Je m'accroche au mur pour ne pas trébucher et je m'assieds dans le fauteuil face à la console, à côté de lui. Je ne sais pas pourquoi les mixages se font souvent dans une quasi-pénombre. Seul le son compte. À l'écran, je me vois arrivant dans la baie de Saint-James en bateau, toutes voiles dehors, frôlant les vagues à grande vitesse…

Je souris, me rappelant qu'à bord, toute mon équipe avait le mal de mer. Le drone ne semble pas tenir compte de la méforme de son pilote. Moi ça va, fille de marin, quand même, je laisse filer les pages du *Mémorial de Sainte-Hélène*… Et là, tout à coup, dans l'obscurité du studio, j'entends que le mixeur a mis du vent dans les pages qui s'envolent… Ça me plaît bien…

— Mais qui va faire les commentaires de tout ça ? me demande-t-il.

— Si Napoléon était encore en vie, ce serait lui, évidemment… En fait, j'ai tout écrit, peut-être un comédien ou une comédienne, on verra ça quand on aura tout mélangé.

— Mais c'est maintenant qu'il faut penser à tout ça.

Il me fait douter de moi mais il s'en fout.

— Ce livre que vous ouvrez sans arrêt et auquel vous vous référez… ?

— Ce *Mémorial*, ce sont les mots de Napoléon !

— Mais vous n'y avez pris que ce qui vous touche, vous amuse, vous surprend et vous guide. Alors pourquoi ce n'est pas votre voix qui se charge de la narration de ce doc iconoclaste et original à la fois ?

— Mais je n'ai jamais fait ça !

— D'après ce que je sais de vous, ce n'est pas la première fois que vous ferez un truc que vous n'avez jamais fait…

Il a dû lire mon CV long de trois kilomètres, j'ai envie de foutre le camp. Mais je n'irai pas loin : dans un minuscule studio attenant, meublé sobrement d'une chaise et d'une table sur laquelle il pose en silence un énorme micro, grosse araignée collée à mon visage. Je m'assieds, il flanque sur mes oreilles un énorme casque et retourne à sa console, me laissant seule avec juste un bouton sur lequel appuyer pour communiquer avec lui.

— Envoyez-moi la musique très fort dans les oreilles, et je voudrais un moniteur pour voir les images.

— Ça ne doit pas vous détourner du micro, on prend le son, l'image on s'en fout pour l'instant !

Mais moi je ne m'en fous pas, je veux au contraire me laisser bercer par elle !

Tranquillement, sûrement, il m'a guidée. Je n'ai pas parlé faux une seule fois, et quatre heures plus tard, mes commentaires flirtaient assez joliment avec les témoignages et les images. Une espèce de confiance s'installait entre nous quand tout à coup, je l'entendis :

— Vous avez lu *L'homme qui aimait les chiens* ?

Il m'énerve grave avec sa question. C'est un mixage, pas un quiz ! Je suis d'autant plus énervée que ce titre ne me dit rien quand, tout à coup, la traduction, ou plutôt le titre original, me fend le cerveau. *El hombre que amaba a los perros* de Leonardo Padura !

— Oui, bien sûr, je l'ai lu en espagnol à La Havane quand je réalisais « Hemingway à Cuba ».

Snob ou idiote ? La réaction ne se fait pas attendre.

— Et moi, je l'ai lu en français, à Bordeaux.

L'échange aurait pu être sanglant mais il scellait au contraire un mixage réussi et le début d'une entente rigolote qui se poursuivit au bistrot.

— Vous savez, dans le bouquin, le vieux monsieur que décrit Leonardo Padura, qui marche sur une plage de Cuba avec ses deux chiens afghans, c'est Ramón Mercader. Il a fini sa vie à La Havane après avoir tué Trotski à Mexico, purgé dix ans de prison et changé de nom trois fois, mais il est né à Barcelone, a fait ses études à Bordeaux et est devenu espion à Paris. Intéressant, non ?

Et pourquoi j'ajoute « Intéressant, non » ?

— Et si on le suivait ? Si on reconstituait l'itinéraire, en se mettant dans ses pas et non dans sa tête ?

Je lance ça à la volée et je suis sûre qu'il va dire non.

— Ça peut être bien. Oui, je suis d'accord.

Je cherche n'importe quoi pour me sortir de ce pétrin, mais surtout sans lui dire que je plaisantais.

— Et vos mixages ?

— Question de planning, je vais gérer !

Incroyable ! On ne peut plus ne pas le faire ! Le lendemain, nous déjeunons ensemble, histoire de se répartir les tâches. À lui la rigueur de l'investigation historique, à moi le miroir déformant des personnages et l'organisation de tout ça, l'Espagne et la France d'abord et puis, là-bas, Mexique et Cuba ! Pas tout d'un coup, mais pays par pays, au gré de nos agendas.

Pour commencer, nous nous sommes donné rendez-vous après le festival. Cette année-là, Nicole Garcia en fut la merveilleuse présidente. Elle venait de se faire opérer du genou et marchait comme une gazelle, ne comprenant ni mes souffrances, ni ma canne (belle pourtant), ni mon infirmité. Elle me recommanda son chirurgien qui m'envoya à l'hôpital Georges-Pompidou où, après des examens lunaires, le verdict tomba : algodystrophie grave et chronique qui devrait me tenir compagnie le reste de ma vie.

J'étais tombée sur le mauvais chirurgien. Nicole Garcia, elle, eut l'intelligence de choisir le bon !

Depuis, j'ai rencontré un médecin de la douleur qui, avec contrôle et parcimonie, me prescrit des médecines qui soulagent… Il m'a prévenue :

— Ça peut vous supprimer quelques trimestres…

— Oui, mais si ceux qui restent sont acceptables !

Bruno et moi nous retrouvâmes en septembre, une fois l'agitation du festival retombée, et force fut de constater que nous n'avions pas écrit grand-chose, mais l'envie de tenter l'aventure était intacte !

Par quoi commencer ? Nos livres et nos priorités étaient à l'opposé. C'est Éric Ghebali, le mari de Daniela Lumbroso, qui, un soir que je dînais chez eux, me mit sur la voie :

— Il faut absolument que tu rencontres Alain Minc. Ses parents et la mère de Ramón Mercader, Caridad, étaient très amis à Bordeaux pendant la guerre. Membres de la même cellule du Parti communiste.

Le lendemain, rendez-vous fut pris avec Alain Minc qui nous reçut dans son bureau du 10, avenue Georges-V.

Cela me fit un choc, c'était l'ancien immeuble d'Artmedia où je venais chercher Bertrand quand nous allions étaler notre bonheur dans un des restos du quartier. L'interview fut épatante, Bruno plus dans les faits historiques et moi plus dans la folie de tout ça. Nous nous complétions si bien que cela devint notre ligne éditoriale pour tout le documentaire.

Barcelone planta le décor sous la houlette de l'historien et philosophe Gregorio Luri qui consacra sa vie à l'étude de la famille Mercader et se trouva bien à l'étroit dans la journée de tournage qui lui fut consacrée.

Nous partîmes à Mexico sans trop de munitions, avec l'espérance de pouvoir filmer dans la maison de Trotski mais sans vraiment y croire. Un jour avant notre arrivée, le gouvernement décida, en guise d'accueil (mais non !) d'ouvrir au public toutes les archives de l'époque. Nous pûmes donc filmer les documents et photos de l'arrestation de Mercader et même mes « minutes du crime » dans la maison que nous décortiquâmes pièce par pièce. L'ambiance du quartier de Coyoacán et le goût du mezcal conduisit notre enquête sur ce Mercader, aux noms multiples (Jacques Mornand, Frank Jackson), jusque dans sa prison où il régna en maître, s'improvisant animateur de radio et professeur de réinsertion. Nous avons beaucoup ri, beaucoup tourné avec une équipe mexicaine joyeuse et talentueuse.

À Cuba, j'ai retrouvé l'équipe connue lors du tournage d'« Hemingway à Cuba », il y a bien longtemps. Rafaël Solis et moi avions vieilli mais étions toujours aussi *valientes* (vaillants).

Impossible de trouver la maison dans laquelle avait vécu Mercader à la fin de sa vie. D'aucuns disaient qu'elle avait été ensevelie et que l'ambassade de Russie avait été construite dessus ! Je ne sais comment Rafaël trouva l'adresse, l'avant-dernier jour. Repérage immédiat, la maison semble abandonnée, je sonne à tout hasard… et je tombe sur le fils de Mercader, qui habite Miami mais est venu exceptionnellement passer trois jours à La Havane !

Seuls au monde, nous avons filmé de fond en comble toutes les pièces de la maison, y compris ce livre posé sur un chevet, polar noir au titre évocateur, *Autopsie d'un crime*.

Le montage fut assez costaud. Bruno et moi nous énervons beaucoup quant à la pertinence ou non de certaines séquences, il me reproche mon autoritarisme, je lui reproche son absentéisme. Où sont passés les rituels des matins où nous nous retrouvions avant chaque tournage, dans la salle du petit déjeuner des différents hôtels de notre périple sur les traces de Mercader ? Barcelone, Bordeaux, Paris, Mexico, La Havane, le décor changeait mais pas notre détermination à éplucher le conducteur[2], prévoir les catastrophes ou les hasards heureux qui viendraient émailler la journée. L'éclat de rire arrivait assez vite.

Et nos rituels du soir, à la fin de chaque tournage, où nous nous retrouvions au bar des hôtels, sirotant le verdejo à Barcelone, le chablis aussi bien à Bordeaux qu'à Paris, le mezcal à Mexico et le mojito à La Havane. Tous ces moments mis en miettes par nos disputes ordinaires au montage qui nous flanquaient la boule

2. Un conducteur, en télévision, est un document qui décrit techniquement le déroulement de l'émission à réaliser.

à l'estomac, à tel point que je me suis demandé s'il ne s'agissait pas là d'un conflit de générations.

Bien plus tard, il tenta de minimiser cette mésentente par un texto : « Je n'ai jamais voulu voir votre âge, vous êtes plus jeune que moi par votre esprit de liberté et de curiosité. Pour moi, ce sont nos esprits qui ont scellé notre attachement. »

No comment! Je lui laisse la chute de ce chapitre.

29

FINIR AVANT LA FIN

Je n'ai pas vu les pages enfler, et lorsque j'ai voulu les tourner pour savoir où j'en étais, elles ont griffé mon temps qui passe.

Je suis faite pour les projets, pour le « en avant », et ce flash-back dans mes souvenirs, depuis quatre mois, m'épuise… C'est encore long avant la fin ?

Mon CV fait dix kilomètres et pèse quatre tonnes… Et ça continue encore.

Après l'incroyable aventure Mercader, que ni Bruno ni moi n'avons oubliée, il y a eu une immersion totale dans la saga Delamain. Famille austère et secrète, savante et négociante. Je l'ai suivie consciencieusement de livres en tonneaux. Une idée de Jean-François Karpinski, directeur des programmes de France 3 Nouvelle-Aquitaine, qu'il baptisa « Cognac et littérature : passions françaises ».

J'ai arpenté les vignes à 6 heures du matin, goûté toutes les étapes de la distillation, en complète abstinence, la dégustation du cognac se faisant par le nez !

J'ai lu tous les bouquins sur les oiseaux, sur la fabrication du cognac des frères Delamain dans la librairie qui porte leur nom à Paris. Les Anglais ont adoré le documentaire et Jean-François prétend que je pourrai le vendre dans le monde entier. Moi j'ai préféré, entre deux festivals, m'attaquer au doc que je trimballe depuis dix ans dans mon cœur, quand Alain et moi nous baladions sur les routes dominicaines en guettant le retour des Taïnos. Alors je suis partie là-bas, dans la maison tropicale, et j'ai réalisé ce clin d'œil tendre que je dois bien à mon mari.

Le tournage fut à la fois douloureux et joyeux mais il a dû réveiller des consciences, car il y a maintenant un musée taïno à Saint-Domingue dans l'une des plus vieilles maisons de la cité coloniale : quelle revanche ! Mais surtout, au milieu ou plutôt au centre de tout ça, il y a ce Festival du film francophone d'Angoulême que nous aimons tant, Dominique et moi. Le mois de juin est toujours consacré au visionnage des films, tous inédits.

Cette sélection nous rend chaque fois plus humbles, tant il ne faut pas se tromper pour qu'en août, le bon goût et l'assiduité du public angoumoisin confirment nos choix… Et l'été dernier, c'est *En fanfare* qu'Angoulême a découvert avant tout le monde, ainsi que *Vingt Dieux* et *À bicyclette !*, devenus quelques mois après des succès du box-office.

Mais pendant ce temps, je n'écris rien, mon livre n'en finit pas de finir, alors fin septembre je pars pour les Caraïbes retrouver la maison tropicale qui, je l'espère, débloquera mon vide.

Le premier jour, je me lève, je pose la théière, la tasse, le miel et tous mes cahiers sur la grande table de la terrasse dans ce début de soleil inondant l'océan. Je regarde la mer et rien ne se passe. Tout est beau autour de moi, alors je peux bien perdre un peu de temps pour un 180 degrés qui commence par l'arbre du voyageur, puis le kiosque et les palmiers, et là-bas, au loin, la mangrove et la plage.

Toujours rien ! Alors je tourne en rond, m'extasiant sur un pétale d'hibiscus voguant sur l'eau frémissante de la piscine. Je me lève pour aller chercher en bas, dans le cagibi, l'épuisette trois fois plus grande que moi. En descendant les marches, je laisse mon genou à sa douleur, puis je m'empare de cette perche géante et remonte l'escalier en claudiquant. Lamentable… J'ai mis un temps fou à retirer le pétale de l'eau. Le soleil est au zénith et je n'ai toujours rien écrit. Je me rassieds et me relève très vite : j'ai faim. Une belle excuse qui m'éloigne de mon cahier plein de reproches… Dans la cuisine, je râpe un chou rouge sur lequel je laisse couler de l'huile d'olive. J'ajoute des oignons rouges et je reviens à la table… Et là, la distance est trop grande entre ce que j'ai dans la tête et la feuille de papier devant moi… Trop loin, mon stylo ne peut pas faire le chemin tout seul. Je m'exaspère… Alors je me lève à nouveau. J'ai soif, dans la cuisine je pèle une goyave, la coupe en morceaux… Le bruit du blender me rassure. Je verse le jus épais dans un verre. C'est bon.

Je retourne à ma chaise. Je n'ai toujours rien écrit. À quoi me sert mon passé si je ne suis pas capable d'en faire quelque chose ?

Le soleil va devenir rouge avant de tomber dans la mer.

J'appelle Dominique en France, oubliant le décalage horaire.

— Mais qu'est-ce qu'il se passe, Marie-France ?

— Je bloque, je n'arrive pas à écrire… J'aimerais que tu me lises…

— Je ne sais pas encore lire le vide ! Sinon, ça va ? À demain, quand tu auras écrit…

Le problème avec Dominique, c'est qu'il sait appuyer là où ça fait mal. N'empêche qu'il m'a boostée… Demain, j'écrirai…

Jusqu'à ce que mon passé rattrape mon présent, jusqu'à ce que j'aie l'impression de côtoyer ma vie. Sans nostalgie, je ne me demanderai même pas comment j'ai traversé tout ça et, sans chronologie, je commencerai à penser aux quatre ou cinq projets que je veux absolument réaliser. Alors pas de fin avant la fin.

TABLE DES MATIÈRES

Composition et mise en pages
PCA – Rezé
Achevé d'imprimer en août 2025
par Bussière à Saint-Amand-Montrond (18)
pour le compte des Éditions Calmann-Lévy
21, rue du Montparnasse 75006 Paris
commercial@calmann-levy.fr

Achevé d'imprimer en août 2025
par CPI BUSSIÈRE (18200 Saint-Amand-Montrond)
pour le compte des Éditions Calmann-Lévy
21, rue du Montparnasse, 75006 Paris
commercial@calmann-levy.fr

PAPIER CERTIFIÉ

CALMANN LÉVY s'engage pour l'environnement en réduisant l'empreinte carbone de ses livres. Celle de cet exemplaire est de :
650 g éq. CO_2
Rendez-vous sur www.calmann-levy-durable.fr

N° d'éditeur : 7356159/01
N° d'imprimeur : 2085874
Dépôt légal : août 2025
Imprimé en France.